단숨에
배우는

XBRL

주석
공시

지은이 | 권우철

펴낸이 | 모두출판협동조합(이사장 이재욱)

펴낸곳 | 모두북스

초판 인쇄 | 2024년 8월 3일

초판 발행 | 2024년 8월 9일

디자인 | 나비 010.8976.8065

주소 | 서울 도봉구 덕릉로 54가길 25(창동 557-85, 우 01473)

전화 | 02)2237-3301, 02)2237-3316

팩스 | 02)2237-3389

이메일 | seekook@naver.com

ISBN 979-11-89203-49-8 9(03320)

@권우철, 2024

modoobooks(모두북스) 등록일 2017년 3월 28일/ 등록번호 제 2013-3호

책값은 뒤표지에 씌어 있습니다.

단숨에 배우는

XBRL

주석
공시

권우철 지음

MODOOBOOKS

목차

머리말

이 책은 2024년 3월까지 공시된 비금융상장법인 156개사의 '23년도 사업보고서 XBRL 주석을 DB화한 과정에서 분석된 내용, 공시된 XBRL 주석별 매핑 내역을 포함한다. XBRL 주석을 의무공시 대상 법인과 로드맵에 따라 '24년도 사업보고서(직전 개별자산총액 5천억 이상 비금융 상장법인)부터 의무공시를 하여야 하는 법인, 나아가 '25년도 사업보고서(나머지 전체 비금융 상장법인) 작성 담당자들이 타사의 공시사례를 참고하여 XBRL 공시를 보다 원활히 수행하는 데 도움이 되기를 기대한다.

　1장에서는 XBRL 공시 제도 담당부처인 금융감독원의 길라잡이와 XBRL 공시사항을 공유한다. 2장에서는 전자문서 제출요령 (2024.4.25. 시행) 중 XBRL 작성지침으로 구성한다. 3장은 '23년 사업보고서 XBRL 주석 공시법인 156개사와 '24년 1분기보고서 XBRL 주석 공시법인 161개사의 XBRL 주석 DB화 과정에서 분석된 내용이다. 4장은 '23년도 사업보고서 XBRL 재무공시 우수법인으로 선정된 14개 비금융 상장법인의 XBRL 주석 개요로 구성한다. 5장은 XBRL 주석 DB에서 추출된 개별 주석별 XBRL 매핑내역(실제 공시된 XBRL 주석의 해부도라 할 수 있음. 사전에 계획된 설계보다 정확한 내용임)과 감사보고서 주석 내용, 그리고 XBRL 공시 내용을 다루고 있다.

기업공시 길라잡이와
XBRL 공시사항
업데이트

기업공시의 전자공시절차와 공시업무에 대한 동영상 가이드가 아래의 전자공시시스템 기업공시 길라잡이(https://dart.fss.or.kr/info/main.do?menu=540)에 정리되어 있다. 업무별 동영상을 참고하여 기본적인 내용을 숙지할 수 있다.

DART 시스템의 공시업무안내 〉 동영상 가이드에서 안내 및 참고자료 등을 확인할 수 있다

또한, DART 접수시스템(https://filer.fss.or.kr)을 통해 기업 공시업무를 담당하는 금융감독원의 XBRL 공시에 대한 요구사항과 최신 업데이트 내용을 확인할 수 있다.

　　DART 접수시스템의 게시판〉공지사항에서 안내 및 참고자료 등을 확인할 수 있다.

　　2024년 7월 17일 현재의 공지사항은 아래와 같으며, 필수적으로 확인하여야 하거나 참고하여야 할 내용은 다음과 같다.

공지사항

ⓘ 한글(hwp)뷰어는 한글과컴퓨터 (http://www.hancom.com/) - 고객센터 > 다운로드에 있습니다.

번호	제목	공지일
1	[안내] 상장사 XBRL 시범제출 방안 및 유의사항 안내	2024-07-17
2	[안내] 2024 DART 택사노미 업데이트 안내('24.8.16. 이후 적용)	2024-07-17
3	[안내] 개별자산총액 10조원이상 금융회사는 '25년도 반기보고서부터 XBRL 주석 제출이 의무화됩니다.	2024-07-01
4	[업데이트] XBRL 작성기 업데이트 안내('24.7.11. 추가반영)	2024-06-19
5	'23년도 사업보고서 XBRL 재무공시 우수법인 선정 안내	2024-05-27
6	[FAQ] XBRL 작성기 FAQ 관련('24.6.27.기준) - 기중 자산총액 2조원 이상인 경우 제출시기 추가	2024-04-30
7	[안내] 사업보고서 및 분반기보고서 작성시 일부 주석은 블럭태깅(목차안 XBRL로 생성)이 가능합니다.	2024-04-09
8	(안내) 사업보고서 제출 비상장법인 XBRL 재무제표 작성 교육 동영상 게시 안내	2023-05-18
9	기업공시서식 작성기준 개정(2024.8.1. 시행)	2024-07-16
10	내부자거래 사전공시제도 설명자료	2024-07-09

　　'25년도 XBRL 주석 공시 확대 대상 상장사를 대상으로 XBRL 시범제출 서비스가 운영된다.

〔안내〕상장사 XBRL 시범 제출 방안과 유의사항 안내 (일자: 2024-07-17)

'25년도 XBRL 주석공시 확대 대상 상장사를 대상으로 XBRL 시범제출 서비스를 운영합니다.

시범제출을 희망하는 상장사는 소속 협회(금융협회, 상장회사협의회, 코스닥협회)에 신청하셔야 하며, 구체적인 사항은 첨부파일 및 협회 공지사항을 참고하시기 바랍니다.

상장사 XBRL 시범 제출 방안 및 유의사항 안내

I 시범 제출 방안

☐ '25년도 **XBRL** 주석공시 확대 대상 상장사*가 **XBRL** 재무제표 본문·주석을 직접 작성·제출해보고 사전에 충분히 점검할 수 있도록 관련 시스템을 연중 가동하고 피드백을 제공

　　* 직전 사업연도 개별자산총액 ①5천억원~2조원 비금융업 상장사, ②10조원 이상 금융업 상장사

❶ **(참여 희망사 모집)** 희망 기업은 피드백 제공 마감 **1개월** 前까지 소속 협회 등 **유관기관에게** 신청(각 협회에서 이메일·공지사항 등으로 안내)

　　* 금융업 상장사는 '25.5월末까지, 비금융업 상장사는 '24.11월末까지 상시 신청 가능
　　(유관기관 지원 가용인력 등에 따라 참여 가능 기업 수에 제한을 둘 수 있음)

　　※ 업종별 모집방법
- **(금융업 상장사)** 소속 **금융협회**'를 통해 **모집하되** 자산총액 **10조원** 이상 **상장사로 한정**
  - * 은행연합회(지주사는 은행연합회로 신청), 금융투자협회, 생명보험협회, 손해보험협회, 여신금융협회
- **(비금융 상장사)** 소속 협회(**한국상장회사협의회, 코스닥협회**)를 통해 **모집하되,** 자산총액 5천억원~2조원 상장사로 **한정**

❷ **(피드백 제공 시기)** 금융회사·비금융회사로 구분하여 운영

　　※ 시범 제출 홈페이지를 통한 **XBRL** 제출 테스트는 별도 신청 없이 **연중 가능**하며, 피드백은 **신청한 상장사에** 한하여 아래 기간 중 제공

❸ **(운영방법)** 既제출 재무제표(전년도 사업보고서 또는 금년도 분반기 보고서)를 참고하여 XBRL 재무제표를 작성하고 시범 제출 홈페이지*에 제출

* (홈페이지 주소) https://xbrlfiler.fss.or.kr, 공시되지 않으므로 자유롭게 제출·수정 가능

□ 금융감독원과 유관기관이 협력하여 제출된 XBRL 재무제표를 점검하고 상장사에 피드백을 제공

Ⅱ 시범 제출 참여시 유의사항

1 '24.8.14일 이후 업데이트 예정인 택사노미를 활용하여 작성

- 생명보험·손해보험 협회와 함께 금융회사 공시사례를 반영
② 금융상품, 위험관리 등의 주석 목차를 병합

2 XBRL 작성기에 旣 공시된 재무제표 본문과 주석 금액 모두를 입력하고 **파일검사를 완료**

* 파일검사를 완료하지 <u>않은</u> 경우 DART 편집기에 삽입이 되지 않음

o 파일 검사가 완료된 후 **DART** 편집기에 삽입하여 금액이 정확하게 입력되었는지 여부를 자체 점검

3 표준을 사용하지 않고 기업이 **확장한 항목**에 대해서는 **영문명**을 정확하게 입력[*]

* 시범 제출 시는 공시되지 않으나, 추후 <u>정기보고서</u> 공시에는 입력한 영문명 그대로 영문 DART에 표출되므로 정확하게 입력할 필요

4 '25년 확대 대상 상장사의 공시·회계부서 담당자는 협회 등 <u>유관기관 XBRL 실무교육</u>[*]에 반드시 참석 요망

* 효율적인 XBRL 작성 및 검토를 위해서는 **XBRL**에 대한 **기본적인 이해**가 **필요**하며, **실무교육**에 **참여**하여 작성 시 **유의사항** 등을 **숙지**할 필요

붙임 XBRL 시범 제출 관련 시스템 안내

1. XBRL 시범 제출 홈페이지 : https://xbrlfiler.fss.or.kr

2. 필요 소프트웨어 : 테스트용 DART 편집기, XBRL 작성기

자료실

ⓘ 한글(hwp)뷰어는 한글과컴퓨터 (http://www.hancom.com/) - 고객센터 > 다운로드에 있습니다.

번호	제목	등록일	다운수
1	'24년도 XBRL 시스템 시범가동용 DART편집기 설치 파일(v7, 전자서명 반영)	2024-04-22	63
2	XBRL 작성기 정식 버전 배포 안내(향후 DART 접수시스템에서 다운로드)	2023-10-20	0
3	[S/W] 시범가동용 DART편집기(V5) 설치 파일	2023-09-27	183
4	[XBRL 주석 작성 사례 2] 주요 상장사 주석 공시 XBRL 공시 사례 예시(v5.0) (최종 택사노미 반영)	2023-05-26	222
5	[XBRL 주석 작성 사례 1] 제조 및 서비스업종 작성 사례	2023-05-25	256
6	금감원 XBRL 작성기 사용자 매뉴얼	2023-05-25	1913
7	[DART편집기] 시범가동 및 교육용 DART 편집기 설치 파일(V6)	2024-04-22	32
8	[Taxonomy] 2023 재무제표 작성을 위한 DART Taxonomy 파일(금융업 포함)	2023-10-27	482

※ 테스트용 DART 편집기는 시범 제출 홈페이지에만 제출이 가능하며, 실제 정기 보고서 공시 등에는 사용 불가

금융업 상장법인 중 개별자산 총액 10조 원 이상 법인부터 XBRL 주석 재무공시가 '25년도 반기보고서부터 의무화되었다.

[안내] 개별자산총액 10조 원 이상 금융회사는 '25년도 반기보고서부터 XBRL 주석 제출 의무화 (일자: 2024-07-01)

금융감독원은 ①금융업 XBRL 주석 재무공시 시행 및 ②상장사·회계법인 지원 강화 방안을 마련하여, 다음과 같이 안내 드립니다.

1. 금융업 상장법인(유가·코스닥) 중 개별자산 총액(직전 사업연도 기준) 10조 원 이상 법인부터 XBRL 주석 재무공시를 시행('25년도 반기보고서)하고 단계적으로 확대합니다.

2. '25년도에 확대되는 XBRL 주석공시 대상 상장법인(두 번째 적용 그룹)이 공시 과정에서 시행착오를 겪지 않도록 지원을 강화합니다.

'상장사 XBRL 주석 재무공시' 단계적 시행 방안 요약(12월 결산법인 예시)

구분	최초 적용시기(비금융업)			최초 적용시기(금융업)		
	'23년도 사업보고서 ('24년 3월 제출)	'24년도 사업보고서 ('25년 3월 제출)	'25년도 사업보고서 ('26년 3월 제출)	'25년도 반기보고서 ('25년 8월 제출)	'26년도 반기보고서 ('26년 8월 제출)	'27년도 반기보고서 ('27년 8월 제출)
상장사 (유가증권, 코스닥)	최초 적용그룹	두번째	세번째	두번째	세번째	네번째
	2조원 이상 (기시행)	5천억원 이상 ~ 2조원 미만	5천억원 미만	10조원 이상	2조원 이상 ~ 10조원 미만	2조원 미만
	156社	340社	1,825社	27社	14社	93社

※ 직전 사업연도 개별자산총액에 따라 대상 회사는 매년 변동 가능('23년도 결산기준 예시)

'24.8.16. 이후 적용되는 DART 택사노미가 업데이트되었다. 택사노미 업데이트는 향후에도 계속되도록 예정되어 있다. 공시 시점별 적용해야 할 택사노미를 제대로 적용하여 XBRL 공시 업무를 수행하여야 한다.

(안내) 2024 DART 택사노미 업데이트 안내('24.8.16. 이후 적용)

XBRL 재무공시를 위한 DART 택사노미가 재개정되었으니 붙임 파일을 참고하시기 바랍니다.

'24년도 3분기 보고서부터 적용되며, 표준 주석 목차 사용 등은 '24년

도 사업보고서부터 모니터링 예정입니다

〈주요 재개정 사항〉

1. 주요 표준 주석 목차 추가

* 리스부채, 우발부채, 배당금, 위험관리, 중요한 판단과 추정불확실성의 주요 원천

2. 총액/순액 개념 명확화

3. 행, 열 항목 추가

4. 보험계약(IFRS17) 수정

5. 기본정보 '자문법인' 추가 등.

※ 엑셀 파일은 7월 중 제공 예정입니다.

'24년도 반기보고서 제출 마감('24.8.14.) 이후 XBRL 작성기의 택사노미 업데이트를 통해 반영(예정)

○ '24년도 3분기 보고서부터는 업데이트된 택사노미에 따라 작성하여야 하며, 표준 주석 목차 사용 등은 '24년도 사업보고서부터 모니터링 예정

※ 기(旣) 제출 보고서에 대한 정정공시는 기존 택사노미를 활용

비율 입력을 위한 속성값 별도 부여, 속성 창에 기간 속성 추가 표시 등을 위해 XBRL 작성기 업데이트가 추가되었다.

〔업데이트〕 XBRL 작성기 업데이트 안내('24.7.11. 추가반영)

이용자 편의 등을 위해 아래와 같이 XBRL 작성기 업데이트가 추가되었습니다.

- 자본변동표 구조 변경에 따라 해당 양식에 맞는 사용자 목차 추가 가능
- 회사 정보에 'XBRL 자문 법인' 추가

[기존 업데이트 주요 내용]

1. 재무제표 본문 작성 개선
- 자본변동표 상위 계정을 표현

* 기존에는 하위계정만 표현함으로써 상위계정의 금액을 확인하지 못하는 경우 발생

- 본문 음수처리 방식 수정(콤보 선택–〉 체크박스)
- 본문 사용자계정 입력 후 표준으로 변경하기 위한 마우스 우클릭 기능 추가

* 기존 'ID변경' 기능뿐만 아니라 마우스 우클릭으로 쉽게 변경 가능

- 본문 실행취소 기능 삭제
- 전분기/전반기 계산 검증 기능 강화

2. 주석 작성 관련 개선

- 비율 입력을 위한 속성값 별도 부여

* 비율 입력 시 해당 속성값을 설정한 후 소수점 입력(예: 3% 표현을 원할 경우 0.03 입력)

** 기존 숫자 또는 문자 형식으로 입력된 항목(이자율, 법인세율, 할인율, 재무비율 등)은 비율 속성으로 변경하고 소수점으로 표시 요망

- 전기 단일표 생성기능 추가

* 기존에는 당기 단일표만 생성 가능

- 주석 표 상위 개요 레이블이 표 레이블과 자동 연동되도록 개선
- 주석 표 기초/기말 속성 변경 및 속성창에 기간 속성 추가 표시

* 기존 사용자 추가 주석 행(Line-item) 계정이 나타내는 정확한 기간 속성으로 수정 요망. 즉, 특정시점(Instant, 기초 또는 기말)인지, 특정기간(Duration, 기중)인지 명확히 구분 필요

3. 기타

- (조회기능) 표준계정과목 조회 시 금융업/비금융업/전체로 필터링 가능하도록 개선
- (로그파일) 최근 1주일 로그만 저장하도록 개선(용량관리를 위함)

2024년 5월 31일 기준 공지사항은 아래와 같았으며, 앞부분에 기재된 4건의 중요 공지가 추가되었다. 향후에도 추가되는 공지사항을 상시 확인하여 XBRL 공시 업무를 수행하여야 한다.

제목	공지일
'23년도 사업보고서 XBRL 재무공시 우수법인 선정 안내	2024-05-27
[업데이트 안내] XBRL 작성기 업데이트 안내('24.5.13.정상 완료)	2024-05-08
[FAQ] XBRL 작성기 FAQ 관련('24.4.30.기준)	2024-04-30
[안내] 사업보고서 및 분반기보고서 작성시 일부 주석은 블럭태깅(목차안 XBRL로 생성)이 가능합니다.	2024-04-09
[안내] XBRL 작성기 비용 입력 관련 유의사항 안내	2024-03-26
회계법인 검토보고서와 XBRL 재무제표 공시 양식 차이 관련 안내	2023-11-09
新 XBRL 공시시스템 정식 가동 안내	2023-10-20
(안내) 사업보고서 제출 비상장법인 XBRL 재무제표 작성 교육 동영상 게시 안내	2023-05-18
기업공시서식 작성기준(2024.5.20. 시행)	2024-05-20
전자문서제출요령(2024.4.25. 시행)	2024-04-24

2023년 사업보고서의 재무제표 주석이 의무화된 기업(22년말 개별재무제표 기준 자산 2조 이상 상장 및 등록법인) 중 XBRL 공시 우수법인은 아래와 같다. 5장 주석별 XBRL 공시 사례에서는 우수법인으로 선정된 회사들의 감사보고서 주석, XBRL 매핑 결과, XBRL 주석 공시 등 3가지가 상세히 정리되어 있다.

'23년도 사업보고서 XBRL 재무공시 우수법인 선정 안내 (일자: 2024-05-27)

금융감독원은 '23년도 사업보고서 재무공시에 있어 국제표준(XBRL) 데이터 기반 재무공시를 성공적으로 수행한 상장사 14개社를 XBRL 재무공시 우수법인으로 선정하였습니다.('24.5.24.)

해당 기업의 XBRL 재무제표와 주석의 국영문 명칭, ID값 등은 금융감독원 제공 XBRL 뷰어 등을 통해 확인하실 수 있으니 참고하시기 바랍니다.

[XBRL 재무공시 우수법인]

1. 자체 작성 회사 – 총 6개사
- LG, KG스틸, 강원랜드, 한국항공우주, 현대백화점, 포스코퓨처엠

2. 금융감독원(상장협) 실무교육 이수와 회계법인 자문 등에 적극 참여한 회사 – 총 8개사
- GS, HD한국조선해양, 농심, 넷마블, 롯데지주, 아이에스동서, 케이티앤지, 크래프톤

XBRL 작성기에 대한 마이너 업데이트가 진행되었다.

〔업데이트 안내〕 XBRL 작성기 업데이트 안내('24.5.13. 정상 완료)

일부 버그를 해결하기 위한 마이너 업데이트 진행 예정입니다.
*기존 작성 문서를 수정하거나 변형시키지 않습니다.

- (주석) 행렬 전환 시 소수점이 반올림되는 현상 해결(5.9. 완료) 및 DART 인쇄용 표 그리기 개선(5.13. 처리 완료)

- (기본정보) 사업보고서를 분기보고서로 변환 시 기본정보에서 당기 재무제표 재작성 여부 공란으로 처리되는 현상 사전 방지

- (주석) '전분기 전반기' 영문명칭 수정

- (주석) '당/전기 사용 안 함' 체크 시 엑셀에서도 전기 주석표 출력 안 되도록 개선(일부 회사 건의사항 반영)

XBRL 작성기 FAQ로서 꼭 확인이 필요한 사항들이 다수 포함되어 있다.

〔FAQ〕 XBRL 작성기 FAQ 관련('24.4.30. 기준)

XBRL 작성기 FAQ로서 꼭 확인이 필요한 사항들이 다수 포함되어 있다.

[FAQ] XBRL 작성기 FAQ 관련('24.4.30.기준)
주요 회사의 질의 내용에 대한 FAQ 안내드립니다.

〈목차〉
1. 재무제표 본문 차감항목으로 처리 방법
2. 계정과목 이름 변경 방법.

3. 자본변동표에 의도하지 않은 숫자가 생성되며 변경이 안됩니다.

4. "GCD 문서정보 조회실패 …날짜 문자열 변환 오류" 발생시

5. 파일검사시 발생되는 주요 오류 원인

6. 사업보고서 3개년 공시 관련

7. 기존 작성 문서를 분반기나 사업보고서로 대체 가능한가?

8. 엑셀에서 붙여넣을 때 금액이 사라지거나 오류 메세지가 생성되는
   이유는?

9. 문자열을 입력했는데 보이지 않는 현상

10. 주석 행 또는 열 편집시 오류 메세지가 발생

11. 회사 또는 개인간 파일 전송 후 금액이 사라지거나, PC에서
    값 저장이 안되는 경우

---

1. 재무제표 본문 차감항목으로 처리 방법

– 과거에는 합산대상에서 차감일 경우 일괄적으로 (–)처리 되었으나
  이제부터는 모든 항목은 양수로 입력하고, 계정과목 표현속성에서
  차감계정(Negated)를 설정해야합니다.

– 이는 주석작성으로 인해 금액을 일치하기 위함입니다.(국제표준양식)

---

2. 계정과목 이름 변경 방법.

– 새로운 작성기에서는 표준 명칭 수정이 불가능하므로 우측 하단 계
정과목 표현 속성에서 '별칭1'. '별칭2'을 지정한 후 원하는 한글 및 영
문명을 넣으시면 됩니다.

---

3. 자본변동표에 의도하지 않은 숫자가 생성되며 변경이 안됩니다.

- 회사가 기존에 '기타포괄손익'을 다른 명칭으로 변경해서 사용한 경우 해당 계정과목이 손익계산서와 동일한 계정이므로 별도의 정확한 계정을 찾아 사용하셔야 합니다.

- 이는, 신규 작성기 부터 손익계산서와 자본변동표가 서로 연결(국제 표준 양식)되므로 자본변동표를 수정할 경우 손익계산서가 수정되고, 손익계산서를 수정할 경우 자본변동표를 변경시키기 때문입니다.

---

4. "GCD 문서정보 조회실패 ...날짜 문자열 변환 오류" 발생시

- 윈도우 날짜 설정에서 요일을 표시할 경우 발생되는 오류이니 날짜 설정을 연-월-일로 변경하셔야 합니다.

---

5. 파일검사시 발생되는 주요 오류 원인
1) 영문명에 특수문자만 넣는 경우 : 예) (*)만 국문과 영문명에 넣는 경우 영문명이 없어 ID값을 정확하게 생성하지 못함
2) 중복된 ID가 발생한 경우
3) 표 제목에 주석 내용을 입력하는 경우
4) 자본변동표 계산 설정 오류 : 비금융업 자본변동표의 경우 하위항목으로 계정을 추가하지 않고 하나의 동일한 계층으로 표현해야합니다. 또한 확장 계정은 '자본 증가(감소) 합계'로 합산 설정이 되어야 합니다.

---

6. 사업보고서 3개년 공시 관련

- 자본시장법 및 하위법령 등에 따라 사업보고서는 3개년, 분반기보고서는 2개년으로 공시하고 있습니다.

XBRL 작성기는 이를 반영하여 3개년으로 재무정보를 공시하도록 하고 있습니다

7. 기존 작성 문서를 분반기나 사업보고서로 대체 가능한가?

– 기본정보에서 기존 작성문서의 정보를 변경해서 기존 파일을 재활용할 수 있습니다. 다만 파일명은 다른 이름으로 저장하여 사용하시기 바랍니다.

---

8. 엑셀에서 붙여넣을 때 금액이 사라지거나 오류 메세지가 생성되는 이유는?

– 엑셀 상위버젼에서는 해당 표를 복사할 때 숫자이외에도 다른 태그값이 함께 복사되고 있습니다.

– 표 전체를 한번에 입력할 때 전체 영역을 별도의 시트에 값복사하고 XBRL작성기에 붙여넣기 하시기 바랍니다.

---

9. 문자열을 입력했는데 보이지 않는 현상

– 문자열임에도 불구하고 숫자에 부여되는 계정과목표현속성 (Negated, 합계, 기초, 기말 등)을 부여할 경우 XBRL 작성기가 오류처리 하고 있습니다.

– 계정과목 표현속성을 정확하게 입력하여야 합니다.(문자는 기본으로 설정)

---

10. 주석 행 또는 열 편집시 오류 메세지가 발생

– 행과 열을 피봇팅한 이후에 편집은 불가능하며, 초기화하여 편집하고 다시 피봇팅하여야 합니다.

- 이는 초기 XBRL 주석 구조 설계는 원칙에 따라 해당 위치(행, 열)에 와 야하는데 피봇팅 한 상태에서는 이 원칙이 준수되지 않았기 때문입니다.

- 금번, 24년 4월 업데이트를 통해 해당 원칙을 준수하도록 강제함

11. 회사 또는 개인간 파일 전송 후 금액이 사라지거나, PC에서 값 저 장이 안되는 경우

- 회계법인 및 회사간 데이터 전송 과정에서 저장된 값이 손실되는 현 상이 발생되는 경우가 있습니다.

- 이는 회사 방화벽 및 보안 프로그램에서 ixd(XBRL 파일) 내에 있는 xml파일을 삭제처리 하는 등의 문제로 발생되기도 하며, 회계법인 보 안프로그램 내에서 xml파일에 대한 보안 처리를 하는 경우 발생합니다.

- 따라서, 회계법인 및 각 회사에서는 금융감독원 XBRL 작성기 및 ixd파일에 대한 보안 예외처리를 설정하여 주시기 바랍니다.

* 값 저장 xml 파일 : TanonomyItemCompanyV.xml

값 저장 DART삽입 파일 : X00080.xml

5가지 주석은 주석 전체와 단순한 형태 표는 블록태깅이 허용되며, 특별한 사유가 없다면 가급적 블록태깅합니다.

〔안내〕 사업보고서와 분반기 보고서 작성 시 일부 주석은 블럭태깅(목차만 XBRL로 생성)이 가능합니다. (2024-04-09)

금융감독원은 전자문서제출요령('23.10월 개정)과 보도자료('23.3

월) 등을 통해 다음의 사항에 대해서는 주석 전체 내용을 XBRL 작성기를 사용하지 않고 감사보고서 내용을 그대로 DART 편집기에 붙여넣을 수 있는 블럭태깅(Block Tagging)을 허용하였습니다.

* 상장사 대상 실습 강의 등에서도 해당 사항을 설명한 바 있습니다.

따라서, 아래 주석에 대해서는 XBRL 작성기에서 목차만 생성하고, 감사보고서 내용을 그대로 복사하여 실수에 의한 정정을 예방하시기 바랍니다.

사업보고서 해당 사항 적용 기업 예시: LG디스플레이, LG, 강원랜드, 포스코퓨처엠, 크래프톤, 태영건설, 한국항공우주 등

〈블럭태깅 가능 사항-전자문서 제출요령 발췌〉

1. 주석 전체: ①회계정책 목록 ②기업정보와 한국 채택 국제회계 기준 준수 사실 기재, ③회계정책, 회계추정의 변경과 오류에 대한 공시, ④ 중간재무보고, ⑤ 타기업에 대한 지분의 공시(관계기업 및 공동기업 등)``

2. 단순한 형태의 표: 특수관계자 리스트를 단순 나열하거나 자산의 내용연수 등과 같은 단일표 등

※ 다만, 기존 문장 위주로 공시하였던 주석이 표준으로 제시된 경우 Detailed Tagging 방식으로 작성하여야 합니다. (예: 우발부채와 약정사항, 특수관계자 거래내역 등)

신(新) XBRL 공시시스템 정식 가동 안내 (2023-10-20)

'23.9월말 기준 정기보고서(분반기 보고서와 사업보고서)부터 상장사와 주요 비금융회사는 재무제표를 XBRL로 제출하여야 합니다.

이에 따라 신 XBRL 공시시스템을 전면 가동하니 아래 내용 참고바랍니다.

1. 신 XBRL 작성기 공식 버전(8.0) 배포

- 구 XBRL 작성기 실행 후 자동 업데이트 또는 자료실 설치파일 다운
  로드 후 설치

2. IFRS기반 DART 택사노미 버전(8.0) 업데이트

- 정기보고서 택사노미 버전은 8.0으로 작성하여 제출하여야 합니다.
- 금융업 XBRL 재무제표 제출 필수

예) 금융업 및 사업보고서 제출 비상장회사(IFRS적용 한정)는 9월 말 기준 정기보고서부터 XBRL 재무제표 본문 제출 필수

3. 지원

- 기존 XBRL 재무제표를 파일 변환하거나, 저장하면서 오류가 발생
  되는 경우 아래 이메일로 해당 파일과 오류 내용을 보내주시면 지원
  해드립니다.

※ **이메일: xbrlhelp@fss.or.kr**

□ 문의

- XBRL 택사노미(계정과목)와 재무제표 작성 질의
  : 02-3149-0245~7(한국 XBRL 본부)

- XBRL 제도 관련 질의: 02-3145-8615

- XBRL 제출 관련 질의: 02-3145-8628

- DART 편집기 관련 질의: 02-3145-8623

〔안내〕 사업보고서 제출 비상장법인 XBRL 재무제표 작성 교육 동영상 게시 안내 (2023-05-18)

금융감독원과 한국공인회계사가 지난 5월 8일부터 10일(3일간)까지 실시한 비상장법인 대상 'XBRL 재무제표 작성 교육' 동영상을 아래와 같이 제공하니 업무에 참고하시기 바랍니다.

〈'XBRL 재무제표 본문 작성 안내 교육' 녹화본 유튜브 링크〉

1부 / 금융감독원 : https://youtu.be/77XMOzcnbv4
2부 / 한길 회계법인: https://youtu.be/77XMOzcnbv4
3부 / 한국XBRL본부: https://youtu.be/77XMOzcnbv4

2장

전자문서제출요령 (2024.4.25. 시행) 중

XBRL 작성지침

16. IFRS XBRL재무제표의 일반사항

16.1 XBRL의 개요

16.1.1 용어 설명

XBRL

XBRL(eXtensible Business Reporting Language)은 재무정보의 작성·유통·분석을 획기적으로 개선하고자 '99년 비영리 국제 컨소시엄인 'XBRL International'이 제정한 기업 재무보고용 국제표준 전산언어입니다.

표준계정과목체계(Taxonomy)

XBRL의 구성요소로서 한국 채택 국제회계기준 등에 따라 계정과목 명칭, 계산식, 표시순서, 계정과목간 관계, 회계기준 근거조항 등을 체계적으로 집계한 것입니다.

16.1.2 IFRS기반 XBRL 재무제표의 적용 범위

XBRL 형식의 재무제표 적용 대상 기업과 공시서류는 다음과 같습니다.

① (유가증권시장주권상장법인. 코스닥시장주권상장법인) 사업. 반기/분기 보고서 중 'Ⅲ. 재무에 관한 사항'의 (연결)재무상태표, (연결)포괄 손익계산서, (연결)현금흐름표, (연결)자본변동표, (연결)주석

※ (연결)주석은 비금융업종만 적용하며, 금융업종은 적용 제외

② (사업보고서 제출 & IFRS 회계기준 적용 비상장법인) 사업. 반기/분

기 보고서 중 'Ⅲ. 재무에 관한 사항'의 (연결)재무상태표, (연결)포괄 손익계산서, (연결)현금흐름표, (연결)자본변동표

　※ (연결)주석 적용 제외

16.1.3 IFRS기반 XBRL재무제표 제출 적용 시기

표준계정과목체계(Taxonomy)에 따라 XBRL 형식의 재무제표를 새로운 XBRL 재무제표 작성기로 작성(변환)하여 제출하는 시기는 다음과 같습니다.

　①(재무제표 본문*)12월 결산법인 기준 '23년도 3분기 보고서 제출부터
　* (연결)재무상태표, (연결)포괄 손익계산서, (연결)현금흐름표, (연결)자본변동표

　②((연결)주석)직전사업연도 개별자산총액 기준으로 단계적 시행(그룹①~②)
　- (①직전사업연도 개별자산총액 2조원 이상) 12월 결산법인 기준 '23년도 사업보고서 제출부터
　- (②직전사업연도 개별자산총액 5천억원 이상, 2조 원 미만) 12월 결산법인 기준 '24년도 사업보고서 제출부터
　- (③직전사업연도 개별자산총액 5천억 원 미만) 12월 결산법인 기준 '25년도 사업보고서 제출부터

〔참고〕 XBRL 재무공시 단계적 선진화 방안 요약(12월 결산 법인 예시)

대상 기업	재무제표 본문		재무제표 주석			
	기존	'23년도 3분기보고서 ~ ('23.11. 14.까지)	'23년도 사업보고서 ~ ('24년 3 월 제출)	'24년도 사업보고서 ~ ('25년3 월 제출)	'25년도 사업보고서 ~ ('26년3 월 제출)	

상장법인 (유가증권, 코스닥)	비금융업	의무 (현행)	새로운 XBRL 작성 기 활용	의무化 (그룹①)	의무化 (그룹②)	의무化 (그룹③)
	금융업	–	의무化	시스템 개발중 ('24년중 시행 검토)		
비상장법인 (사업보고 서 제출 & IFRS 적용 기업)	비금융업, 금융업	–	의무化			

※ 그룹①: 직전 사업연도 개별자산총액 2조 원 이상
　　그룹②: 직전사업연도 개별자산총액 5천억 원 이상 2조 원 미만
　　그룹③: 직전 사업연도 개별자산총액 5천억 원 미만

※ 2024년 7월 1일 확정 발표됨 (1장 참조)

16.1.4 IFRS기반 XBRL 주석 작성 방식

원칙적으로 주석 행, 열, 문장영역 등 세부항목 단위로 속성값을 부여(Detailed Tagging)하되, 대부분 문장영역과 사용자 확장항목으로 구성된 다음의 주석에 대해서는 하나의 영역으로 처리(Block Tagging) 가능합니다.와Block Tagging 예시〉:

- 주석 전체: ①회계정책 목록 ②기업정보와 한국 채택 국제회계기준 준수 사실 기재, ③회계정책, 회계추정의 변경과 오류에 대한 공시, ④ 중간재무보고, ⑤ 타기업에 대한 지분의 공시 등

※ 금융감독원 표준계정과목체계(Taxonomy) 한글 명칭을 기준으로 열거하였으며, 해당 명칭과 구조적으로 유사한 주석에 적용 가능

- 단순한 형태의 표: 특수관계자 리스트를 단순 나열하거나 자산의 내용연수와 같은 단일표 등

다만, 기존 문장위주로 공시하였던 주석이 표준으로 제시된 경우 Detailed Tagging 방식으로 작성하여야 합니다. (예: 우발부채 등)

16.2 IFRS XBRL 재무제표 작성기 설치

16.2.1 설치방법

IFRS XBRL 재무제표를 작성, 제출하기 위해서는 'IFRS XBRL 재무제표 작성기'를 설치하여야 합니다.

이 소프트웨어를 설치하기 위해서는 먼저 DART 제출 소프트웨어가 설치되어 있어야 하며 다음의 시스템 요구 사항을 만족하여야 합니다.

[최소사양]

- MS Winsdows 7 이상, Microsoft .net Framework 4.5 이상
- 메모리: 512M 이상, 하드디스크: 500M 이상
- 디스플레이: 해상도 1024 * 768 이상

[권장사양]

- MS Winsdows 7 이상, Microsoft .net Framework 4.5 이상
- 메모리: 4G 이상, 하드디스크: 1G 이상
- 디스플레이: 해상도 1920 * 1080 이상
- ※ 프로그램의 업그레이드와 최신 택사노미 사용을 위한 인터넷 환경

설치는 아래와 같이 실시합니다.
① DART 접수 홈페이지 〈(게시판-)자료실〉에서 'IFRS XBRL 재무제표작성기 ××.exe' 파일을 다운로드합니다.
② IFRS XBRL재무제표작성기가 기 설치된 경우 구동 중이라면 먼저

종료합니다.

③ 다운로드한 '금융감독원 XBRL 재무제표작성기 ××.exe' 파일을 실행한 후 안내에 따라 설치합니다. 프로그램은 DART 제출소프트웨어가 설치되어 있는 폴더에 설치됩니다.

16.2.2 설치 확인

설치가 끝나면 정상적으로 설치되었는지 확인해야 합니다. 〈시작-프로그램-파일 탐색기〉를 실행합니다. 설치한 폴더가 다음과 같이 구성되어 있으면 정상적으로 설치된 것입니다.

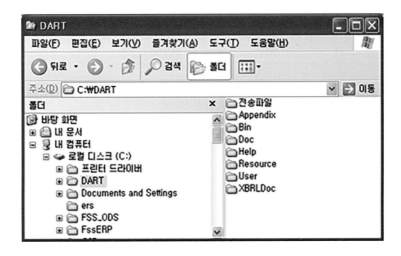

설치 후 IFRS XBRL재무제표작성기와 관련된 폴더는 다음과 같습니다.

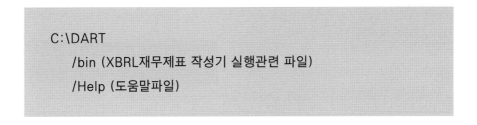

C:\DART
/bin (XBRL재무제표 작성기 실행관련 파일)
/Help (도움말파일)

/Resource/Taxonomy (텍사노미파일)

/Resource/Forms (서식파일)

/XBRLDoc (IFRS XBRL재무제표의 기본저장폴더)

16.3 IFRS XBRL 재무제표의 작성과 제출 절차 요약

단숨에 배우는 XBRL

17. IFRS XBRL 재무제표 작성기

17.1 시작과 종료

17.1.1 시작하기

윈도우의 시작 메뉴에서 〈프로그램-DART 제출소프트웨어〉의 'IFRS XBRL재무제표 작성기' 항목을 선택합니다.

표준계정과목체계 파일이 개정되거나 프로그램이 변경된 경우 작성기 실행 시 '업데이트' 창이 자동으로 나타납니다.

17.1.2 종료하기

〈보고서-종료〉 메뉴를 선택합니다

17.2 화면 구성

17.2.1 메뉴

메뉴는 보고서(F), 편집(E), 보기(V), 도구(T), 도움말(H)로 구성됩니다. 이 메뉴는 IFRS XBRL재무제표작성기에서 사용하는 기능을 종류별로 분류해 놓은 것입니다. 메뉴명 위에서 마우스 왼쪽버튼을 누르면 메뉴가 펼쳐집니다.

17.2.2 대화상자가 나타나는 메뉴

메뉴 중에는 메뉴명의 뒷부분에 점이 세 개 찍혀 있는 경우가 있는데, 이러한 메뉴를 실행하면 대화상자가 나타납니다.

17.2.3 단축키

모든 메뉴는 키보드로도 실행이 가능합니다. Alt키를 눌렀다가 뗀 후에

화살표 키로 메뉴를 선택하거나, 메뉴명 우측의 알파벳('(F)' 등으로 표시됨)을 Alt키와 동시에 누르면 됩니다. 또한, 각 메뉴명 우측에 Ctrl+O, F7 등의 기호가 추가로 표시되어 있는 경우가 있습니다. 이 기호는 키보드에서 하나 이상의 키(단축키)를 동시에 누르면 메뉴에서 선택한 것과 동일한 기능을 합니다. Ctrl+O의 경우에는 Ctrl키와 O키를 동시에 누르고, F7의 경우에는 F7키를 누릅니다.

17.2.4 도구상자

도구상자는 프로그램 메뉴 중 자주 사용하는 기능을 찾기 쉽게 하고, 선택하는 중간과정을 줄이기 위해 아이콘으로 모아놓은 것입니다. 프로그램 메뉴에서 선택하는 대신 동일한 기능의 아이콘을 마우스로 선택하면 됩니다. 작업 중에 사용할 수 없는 기능은 회색의 음영으로 표시되며 선택이 되지 않습니다.

① 보고서 도구 상자

② 편집 도구 상자

③ 보기 및 도구 상자

단숨에 배우는 XBRL

17.3 문서창의 구조

IFRS XBRL 재무제표 작성기는 기본정보 작성창, 계정과목 편집창, 재무제표 작성창, 주석관리창, 주석작성창과 메시지창으로 구성됩니다.

17.3.1 기본정보 작성창

문서정보, 회사정보, 서식정보를 입력하는 화면입니다.

- 문서정보: 보고서유형, 문서작성일, 기수, 회계기간 시작일, 회계기간 종료일, IFRS 최초 적용연도, 감사정보, 감사인, 감사의견 등
- 회사정보: 회사고유번호, 법인명, 법인등록번호, 결산월, 업종코드, 주소, 홈페이지, 상장정보, 통화정보, 문서작성자 정보 등
- 서식정보: 연결재무제표/개별재무제표 작성여부, 작성표시 방법에 대한 선택(재무상태표, 포괄 손익계산서, 현금흐름표) 등

① **기본정보 〉 문서정보 화면입니다. (영문 입력 필수)**

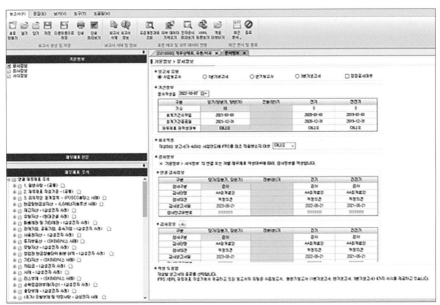

② **기본정보 〉 회사정보 화면입니다. (영문 입력 필수)**

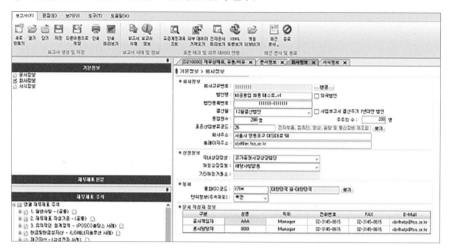

③ **기본정보 〉 서식정보 화면입니다.**

17.3.2 재무제표 작성창

　재무제표 작성창은 계정과목 편집창, 계정과목 정보창, 적용버튼, 금액 입력창, 하단 메시지창으로 구성되며 계정과목을 편집하고 금액을 입력하는 창입니다.

　※ 기존 계정과목 편집창 탭과 금액 입력을 위한 재무제표 작성창 탭이 통합됨

단숨에 배우는 XBRL

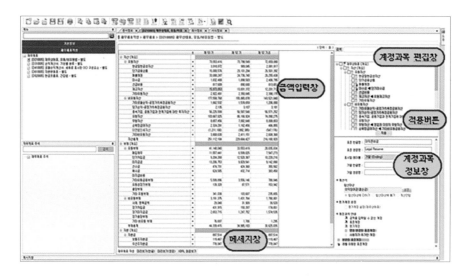

　계정과목 편집창은 IFRS XBRL재무제표 작성을 위한 계정과목에 대해 분류별 계층 구조로 보여줍니다. 계정 앞에 있는 표시는 그 안에 하위 계정이 있음을 의미합니다. 편집메뉴나 마우스 조작(드래그 & 드롭, 오른쪽 버튼 클릭)을 사용하여 새로운 계정을 작성하거나 등록정보를 변경합니다.

　계정과목창의 계정을 선택하면 아래 계정과목 정보창에 해당 계정에 대한 등록정보가 나타납니다. 계정과목 표준 한글명, 표준 영문명이 필수로 입력되어 있는데 이를 수정하거나, 표시할 레이블에서 드롭박스 중 별칭1, 별칭2, 기초, 기말, 합계 레이블 중 하나를 선택하여 별칭을 입력하고 적용버튼을 누르면 작성창에 반영됩니다.

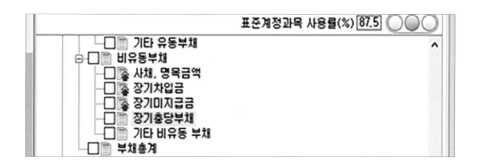

    표시할 레이블에서 별칭1을 선택하면 별칭1 한글명, 별칭1 영문명을 입력하는 창이 생성됩니다.

    새 계정과목을 추가할 때는 해당위치에서 오른쪽 클릭으로 '계정과목 추가'나 '하위계정 추가'를 선택합니다. 그러면 아래 그림과 같이 새 계정과목으로 임시 레이블이 생성되는데 사용자가 표준 한글명을 '이익'이라고 입력하면 유사한 표준계정을 추천해줍니다. 현재 '이익'이라는 키워드와 연관된 4개의 표준계정이 추천되는데 이중의 하나를 클릭하면 해당 계정으로 자동 입력과 계정과목 ID까지 가져옵니다.

    만약 추천된 표준계정에서 원하는 것이 없다면 사용자가 직접 입력해서 사용 가능합니다. 이때 처음으로 저장된 표준영문명을 활용해 계정과목 아이디가 변경됩니다.
    계정과목 입력 시 유사한 표준계정 추천이 되는 화면입니다.

금액 입력창에서는 각 계정과목에 대한 금액을 입력합니다. 숫자를 입력하면 자동으로 천 단위 구분자(,)가 표시되며 최대 20자리까지 입력이 가능합니다. (DART 공시화면에서의 표시 자리 수를 확인하실 필요가 있습니다.)

17.3.3 메시지창

재무제표를 검사할 때 누락된 필수 입력 내용과 계산 검증 결과 등을 표시하는 창입니다.

17.4 새로 만들기(Ctrl+N)

〈보고서-새로 만들기〉메뉴를 선택하여 IFRS XBRL 재무제표를 새로 작성합니다.

전자공시시스템(DART)에서 사용된 보고서 유형, 업종, 문서 작성일, 해당기수, 회계기간(사업기간), 회사고유번호와 회사명을 입력하면 자동으로 보고서명이 생성됩니다. (보고서명은 수정이 가능합니다.)

17.5 열기(Ctrl+O)

〈보고서-열기〉메뉴를 선택하여 '열기' 창에서 IXD파일을 선택합니다. 'C:\DART\XBRLDoc' 폴더에 저장된 IXD파일만 화면에 표시되고 선택하실 수 있습니다.

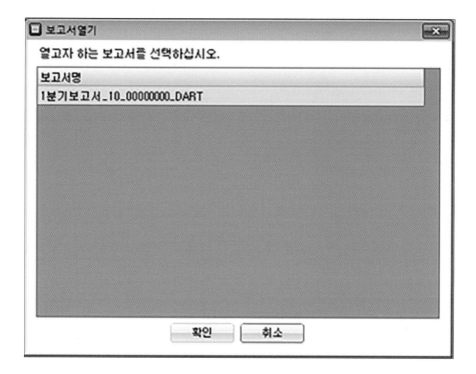

17.6 닫기(Ctrl+T)

〈보고서-닫기〉메뉴를 선택합니다. 열려진 IXD파일을 종료합니다.

17.7 재무제표 저장

17.7.1 저장 (Ctrl+S)

〈보고서-저장〉메뉴를 선택하면 작성한 내용을 파일로 저장합니다. '새로 만들기' 기능으로 문서를 작성한 경우에는 '파일 저장' 창이 나타납니다. (이후의 작업은 '17.7.2 다른 이름으로 저장' 참조).

17.7.2 다른 이름으로 저장 (Ctrl+A)

〈보고서-다른 이름으로 저장〉메뉴를 선택합니다. IFRS XBRL 재무제표는 기본 폴더(C:\DART\XBRLDoc)에 IXD파일로 저장됩니다. 기본 폴더는 변경하실 수 없습니다.

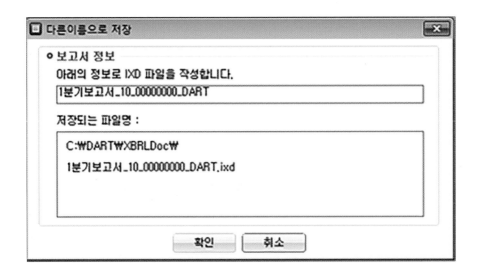

17.7.3 보고서 삭제/보고서 정보

〈보고서-보고서 삭제〉메뉴를 선택하면 XBRLDoc 폴더 내에 있는 보고서 목록이 나타나면서 선택한 보고서를 삭제할 수 있습니다.

〈보고서-보고서 정보〉메뉴를 선택하면 현재 열려 있는 IFRS XBRL 재무제표의 보고서명, DART 및 택사노미 버전 등이 표시됩니다.

17.8 인쇄

17.8.1 인쇄 미리보기

〈보고서-인쇄 미리보기〉 메뉴를 선택하면 작성한 문서를 인쇄하기 전에 그 모양을 미리 화면에서 확인할 수 있습니다.

17.8.2 인쇄 (Ctrl+P)

〈보고서-인쇄〉 메뉴를 선택합니다. 인쇄할 범위와 인쇄할 매수 등을 입력한 후 '확인'을 누르면 현재 표시된 창의 내용이 인쇄됩니다.

인쇄 범위는 미리보기에서 나타나는 쪽번호를 대상으로 하며 인쇄된 부분이 공시 화면과 완전히 일치하지는 않습니다.

17.9 전자공시 미리보기

〈보고서-전자공시 미리보기〉 메뉴를 선택하면 작성한 재무제표를 배포공시홈페이지 상에 게재되는 형식으로 미리 볼 수 있습니다. 그러나 미리보기 한 화면이 배포공시 화면과 완전히 일치하는 것은 아닙니다.

17.10 엑셀 내보내기

〈보고서-엑셀 내보내기〉 메뉴를 택하면 작성한 문서를 엑셀 파일(-.xls)로 저장할 수 있습니다.

재무제표와 주석들이 별도의 시트 형태로 나누어져 저장됩니다.

17.11 기본정보 작성

금융감독원에 제출할 IFRS XBRL 재무제표를 작성하기 위해서는 먼저 문서정보, 작성일, 기수, 회계기간, 고유번호, 회사명 등 기본정보를 입력해야 합니다. ('19. IFRS XBRL 재무제표의 기본정보 항목' 참조)

기본정보도 재무제표와 함께 한글과 영어로 공시되므로 모두 정확히 입력해야 합니다. 영어 기본정보는 〈보기-표시언어-영문〉 메뉴를 클릭한 후 입력하시면 됩니다. 회색 표시 항목은 입력할 필요가 없습니다.

17.12 계정과목 편집

IFRS XBRL 작성기는 재무상태표, 손익계산서 등 IFRS XBRL 재무제표를 작성하는 데 필요한 표준계정과목을 제공합니다. 제출인은 표준계정과목 이외의 새로운 계정을 추가하거나 표준계정과목명을 회사에서 사용하고 있는 계정과목명으로 변경할 수도 있습니다.

17.12.1 계정과목 편집원칙

IFRS XBRL 재무제표는 재무제표의 비교분석을 보다 정확히 하기 위하여 계정과목 편집 시 준수해야 할 원칙이 있습니다.

(원칙1) 표준계정과목에 최대한 맞추어 작성

(원칙2) 표준계정과목 중 불필요한 계정과목은 삭제

(원칙3) 가급적 계정과목을 신설하지 않고 유사한 표준계정과목명을 선택하고 별칭으로 국·영문명을 수정하여 사용

(원칙4) 계정과목을 추가(신설)하는 경우 영문 공시에 필요한 영문 계정과목명을 정확히 기재

17.12.2 계정과목의 추가

계정과목을 추가하기 위해서는, 추가될 위치의 바로 위에 있는 계정을 선택하여 마우스의 오른쪽 버튼을 누르고 〈계정과목 추가〉를 선택하면 아래쪽으로 "새 계정과목"이 추가됩니다. 새롭게 추가된 계정은 배경색을 노란색으로 표시합니다.

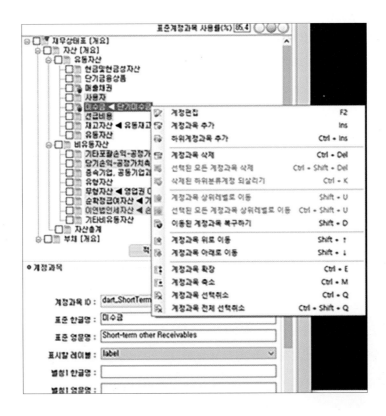

추가된 계정의 기본 영문계정과목명은 "New Account for XXX", 계정 ID는 "entity고유번호_udf_재무제표약어_날짜시간_부모계정"입니다.

영문 계정과목명은 당해 재무제표에서 유일해야 하므로 중복되지 않도록 'New Account'에 'for 부모계정과목명(영어)'이 추가되어 있습니다. 'New Account'만 적절한 영문계정과목명으로 변경하면 됩니다.

(예) New Account for Machinery → Accumulated Depreciation for Machinery

※ 표준계정과목의 경우 별칭으로 국·영문 계정과목명을 변경하여도 계정과목ID는 바뀌지 않습니다.

추가된 계정이 대손충당금, 현재가치 할증차금과 같은 평가계정일 경우에는 '평가계정 설정'에 체크합니다. 평가계정은 편집화면에서 초록색으로 표시됩니다.

추가된 계정의 계산식은 '상위계정과 하위계정간 계산식' 항목에서 설정합니다. 추가된 계정이 대손충당금과 같이 상위계정에서 빼야 하는 경우 '합산대상에 빼기'를 선택하며 이 경우 재무제표를 검사할 때 음수로 계산됩니다. 계산할 필요가 없을 때에는 '계산 안 함'을 지정합니다. 기본값은 '합산대상에 더하기'입니다.

※ IFRS XBRL 작성기의 표준계정과목은 재무제표를 작성할 때 계정간의 계산식이 설정되어 제공됩니다. 예를 들어 아래의 표준계정과목의 계산식은 다음과 같습니다.

① 유동충당부채합계 = 유동 종업원 급여 충당부채+기타단기충당부채

② 기타단기충당부채 = 단기 제품보증 충당부채+단기 구조조정 충당부채+단기 법적소송 충당부채+단기 손실부담계약 충당부채+사후처리, 복구, 정화 비용을 위한 단기 충당부채+그 밖의 기타 단기 충당부채

추가된 계정과목은 표준계정과목이 아니므로 재무제표 분석 시 다르게 해석될 수 있습니다.

(예) A사: 원재료에 추가재고를 포함 ｜ B사: 추가재고를 신설하여 별도로 기재

A사

과 목	금액
자산	
Ⅰ.유동자산	
(1)재고자산	
1.원재료	200

B사

과 목	금액
자산	
Ⅰ.유동자산	
(1)재고자산	
1.원재료	100
2. 추가재고	100

2.상품	50			3. 상품	50	

☞ 두 기업간 재무제표 비교분석시 B사의 '추가재고'는 기타계정으로 처리됩니다.

과 목	A사	B사
자산		
Ⅰ.유동자산		
(1)재고자산		
1.원재료	200	100
2.상품	50	50
3. 추가재고	100	

17.12.3 계정과목의 순서 변경

마우스 조작(드래그 & 드롭)으로 계정과목의 순서를 변경할 수 있습니다. 동일 부모계정 내에서 동일 분류간 계정과목의 순서는 변경할 수 있으나, 부모계정이나 분류구분이 다른 경우 순서를 변경할 수 없습니다.

(예1) 순서 변경이 가능한 경우

과 목	금액		과 목	금액
자산			자산	
Ⅰ.유동자산			Ⅰ.유동자산	
(1)재고자산			(1)재고자산	
1.원재료			1.원재료	
2. 소모품			2. 제품	
3. 제품			3. 소모품	

(예2) 순서 변경이 불가능한 경우(소분류를 중분류로 변경 불가)

과 목	금액
자산	
Ⅰ.유동자산	
(1)재고자산	
1.원재료	
2. 제품	
3. 미착품	

과 목	금액
자산	
Ⅰ.유동자산	
(1)재고자산	
1.원재료	
2. 제품	
(2) 미착품	

17.12.4 계정과목의 삭제

표준계정과목 중 사용하지 않는 계정은 삭제합니다. 하나의 계정만 삭제할 때는 삭제하려는 계정을 선택하고 마우스 오른쪽 버튼을 눌러서 〈계정과목 삭제〉를 선택합니다.

여러 계정을 일괄 삭제하는 경우에는 계정과목 앞의 체크 박스에 체크하고 마우스 오른쪽 버튼을 눌러 〈선택된 모든 계정과목 삭제〉를 선택합니다.

17.12.5 삭제한 표준계정과목의 되살리기

IFRS XBRL 작성기에서 제공하는 표준계정을 삭제한 경우 〈삭제된 하위분류계정 되살리기〉를 사용하여 다시 추가할 수 있습니다.

추가할 위치의 상위계정을 클릭하고 마우스 오른쪽 버튼을 눌러서 〈삭제된 하위분류계정 되살리기〉를 선택합니다.

되살리기 할 계정과목 앞의 체크 박스를 선택하여 체크하고 〈확인〉을 클릭하여 추가합니다.

※ 대손충당금 등 평가계정을 되살리는 경우에는 괄호 안의 본 계정 (예

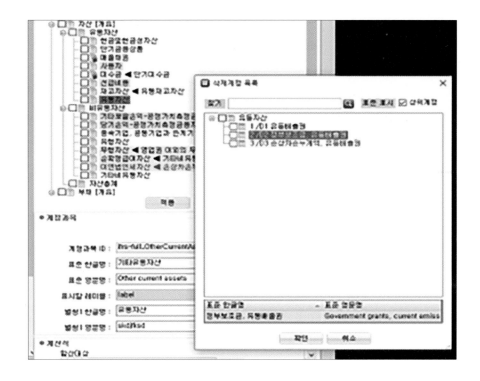

〉현재가치 할인차금(장기매출채권))을 확인하고 되살립니다. 되살리기 한 계정은 원래 위치에 추가됩니다.

17.12.6 계정과목명 변경

계정과목명(한글, 영어)은 임의로 변경할 수 있습니다. 그러나 계정과목명(영어)은 당해 재무제표에서 유일해야 하므로 중복이 되지 않도록 변경해야 합니다. 변경 시 계정과목명(영어) 뒤에 'for 부모계정명(영어)'을 추가하시면 중복을 회피할 수 있습니다.

단, 계정과목명을 변경하더라도 사전에 설정된 계정과목 속성(예, 계정과목 ID)에 따라 처리되므로 계정과목 설명 등을 참고하여 유사한 계정과목명으로 변경하시기 바랍니다.

과 목	금액
Ⅱ.비유동자산	
1. 장기매출채권	
2. 유형자산	
3. 지분법 적용 투자지분	

과 목	금액
Ⅱ.비유동자산	
1. 장기매출채권	
2. 유형자산	
3. 이연 법인세 자산	

※ 계정과목명을 변경하더라도 재무제표 비교분석 시 계정과목 ID에 의해 '지분법 적용 투자지분'으로 인식됨

17.13 재무제표 작성하기

재무상태표, 손익계산서 등 재무제표별로 계정과목에 대한 금액을 입력합니다. 기본정보 작성과 계정과목 편집을 완료한 후 재무제표를 작성하는 것이 좋습니다.

17.13.1 금액 입력 방법

금액 입력창에서 마우스 왼쪽 버튼을 한번 누르면 칸이 선택이 되고 더블 클릭하면 편집 상태로 바뀌게 됩니다. 또한 칸을 선택한 상태에서 금액을 입력하면 편집상태로 바뀝니다. 입력한 내용을 확정할 때에는 Enter키를 누르고 취소할 때에는 Esc 키를 누릅니다. 화살표 키로 칸 이동 시에도 확정으로 인식합니다.

금액입력이 불필요한 회색 영역에는 금액을 입력할 수 없습니다.

금액 칸에서 마우스 오른쪽 버튼을 누르고 〈복사〉를 선택하고, 붙여 넣을 대상 칸에서 다시 마우스 오른쪽 버튼을 누르고 〈붙여넣기〉를 선택하면 금액이 복사됩니다.

여러 금액을 한 번에 복사하고 싶은 경우 복사할 시작 칸에서 마우스 왼

	±	제 53 기	제 52 기	제 51 기
⊟ 자산 [개요]				
⊟ 유동자산	•	73,553,416	73,798,549	72,659,080
현금및현금성자산	•	3,918,87		
단기금융상품	•	15,000,57		
매출채권	•	33,088,24		
사용자	•			
미수금	•	1,832,48		
선급비용	•	817,68		
재고자산	•	15,973,05		
유동자산	•	2,922,49		
⊟ 비유동자산	•	177,558,76		
기타포괄손익-공정가치측정금융자산	•	1,662,53		
당기손익-공정가치측정금융자산	•	2,13		
종속기업, 공동기업과 관계기업에 대한 투자자산	•	56,225,59		
유형자산	•	103,667,02		
무형자산	•	8,657,45		
순확정급여자산	•	2,324,29		
이연법인세자산	-	(1,211,100)		
기타비유동자산	•	3,808,63		
자산총계		251,112,184	229,664,427	216,180,920
⊟ 부채 [개요]				

쪽 버튼을 누르고 마지막 칸까지 마우스 왼쪽 버튼을 누른 상태로 움직이다
가 마우스 왼쪽 버튼을 놓습니다(드래그 & 드롭). 선택된 칸들이 파란색으
로 변하며 선택된 칸 위에서 마우스 오른쪽 버튼을 누르고 〈복사〉를 선택하
고, 붙여 넣을 대상 칸에서 다시 마우스 오른쪽 버튼을 누르고 〈붙여넣기〉를
선택하면 금액이 복사됩니다.

17.13.2 음수 입력 방법

원칙적으로 모든 계정과목은 양수로 입력을 하여야 합니다. 다만 양수와
음수가 상존하는 손익 등 계정은 음수로 입력을 하여야 합니다.

대손충당금이나 현재가치 할인차금 등 차감계정은 양수로 금액을 입력
하면 계정과목 속성값이 차감계정(negated)로 지정되어 있으므로 공시화면
에서는 음수로 표시됩니다.

단, '매출원가' 등 일부 대분류 계정의 경우 부호 칸에 '-'로 표시되어 있
더라도 금액을 양수로 입력하여 공시화면에서도 양수로 표시되어야 합니다.

주석(괄호제외)

계정과목 ID : dart_GovernmentGrantsCashAndCas   주석항목 검색

기본 한글명 :	정부보조금, 현금및현금성자산
기본 영문명 :	Government grants, cash and cash equivalents
계정과목 표현 속성 :	기본(negated)
	• negated속성은 입력값과 반대의 부호로 공시됨
기본(negated) 한글명 :	정부보조금, 현금및현금성자산
기본(negated) 영문명 :	Government grants, cash and cash equivalents

17.13.3 엑셀에서 금액 가져오기

다음의 방법에 따라 엑셀로 작성된 금액을 가져올 수 있습니다. 엑셀에서 가져올 금액을 블록설정하고 복사 후 XBRL 작성기의 금액 입력창에서 붙여 넣을 칸에 마우스 오른쪽 버튼을 누르고 〈붙여넣기〉를 선택하면 금액이 복사됩니다.

반대의 방법으로 금액 입력창의 내용을 엑셀에 붙여 넣을 수도 있습니다.

17.13.4 계정번호 보이기

재무제표 작성화면에서 〈도구-재무제표 입력-번호부여〉 메뉴를 이용하면 계정과목 앞에 계정번호가 자동으로 표시됩니다

⊟ 자산 [개요]	
⊟ I.유동자산	◆
(1)현금및현금성자산	◆
(2)단기금융상품	◆
(3)매출채권	◆
(4)사용자	◆
(5)미수금	◆
(6)선급비용	◆
(7)재고자산	◆
(8)유동자산	◆
⊟ II.비유동자산	◆
(1)기타포괄손익-공정가치측정금융자산	◆
(2)당기손익-공정가치측정금융자산	◆
(3)종속기업, 공동기업과 관계기업에 대한 투자	◆
(4)유형자산	◆
(5)무형자산	◆
(6)순확정급여자산	◆
이연법인세자산	‒
(7)기타비유동자산	◆
자산총계	
⊟ 부채 [개요]	
⊟ I.유동부채	◆
(1)매입채무	◆
(2)단기차입금	◆
(3)미지급금	◆
(4)선수금	◆
(5)예수금	◆
(6)미지급비용	◆
(7)기타유동금융부채	◆
(8)유동성장기부채	◆
(9)충당부채	◆
(10)기타 유동부채	◆

17.13.5 계정과목명 찾기 (Ctrl+F)

계정과목 편집창 또는 재무제표 작성창에서 〈편집-찾기〉 메뉴를 선택하면 도구상자 옆에 '찾기'창이 나타납니다. 찾을 문자열을 입력한 후 '앞으로 찾기' 또는 '뒤로 찾기' 옵션을 선택하고 '다음' 버튼을 누르면 계정과목 내에서 해당 문자열을 찾습니다.

17.13.6 영문 재무제표 보기

〈보기-표시언어-영문〉 메뉴를 선택하면 계정과목명 등이 영어로 표시됩니다. 영문계정과목명은 계정과목 편집창의 등록정보창에서 변경할 수 있습니다.

17.14 주석 작성하기
17.14.1 주석항목 리스트에서 표준주석 가져오기

편집기 좌측 하단의 재무제표 주석창에서 연결 재무제표 주석 혹은 재무제표 주석 폴더를 우클릭하면 신규 사용자정의 주석이나 표준 주석을 추가

단숨에 배우는 XBRL

할 수 있습니다.

먼저 재무제표 주석 좌측 트리 창에서 마우스 우클릭을 통해 주석 항목 리스트에서 가져오기 버튼을 클릭합니다.

※ Block Tagging 방식의 경우 주석 목차만 가져오면 됩니다.

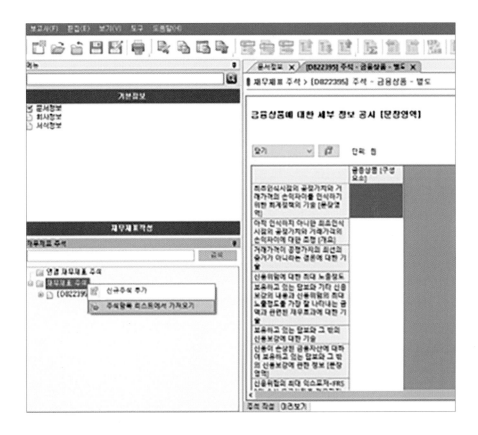

주석항목 리스트에서 표준 주석항목을 사용하고자 하는 선택하고 그 하위 주석 항목(표 주석, 텍스트 주석, 숫자 주석, 날짜 주석 등)을 체크하여 추가합니다.

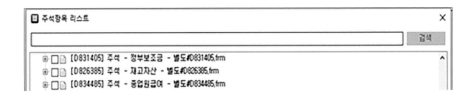

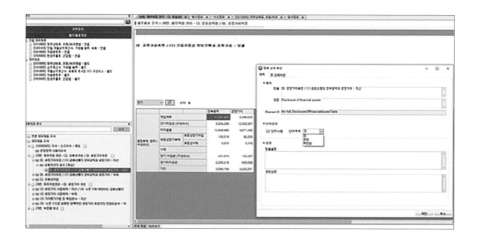

17.14.2 주석 표 편집하기

주석 항목 리스트에서 표준 주석 항목을 로드 한 뒤, 표의 행과 열의 계정과목 편집, 추가, 삭제, 이름변경, 피벗 등을 수행할 수 있습니다.

17.14.3 속성 창에서 표 행·열 항목 편집하기

좌측 주석 트리에서 편집하고자 하는 표를 선택한 다음 우클릭으로 '속성' 창을 클릭합니다.

단숨에 배우는 XBRL

표의 속성창은 제목 탭과 표 상세속성으로 이루어집니다. 제목 탭에서는 표의 한글/영문 제목을 편집할 수 있고 표준인 경우 Element ID는 변경할 수 없습니다.

단위 설정에서 표의 단위를 설정할 수 있습니다.

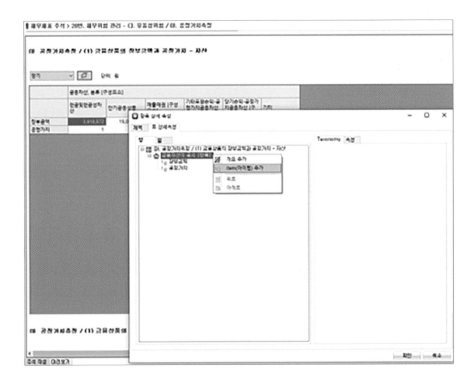

두 번째 표 상세속성 탭에서는 표의 행과 열의 항목을 추가, 삭제, 이름 변경, 속성변경 등을 할 수 있습니다.

표의 행은 표〉 항목〉(개요)〉행 계정으로 구성되어 있고, 사용자는 개요나 행 계정을 추가할 수 있습니다. 이때 항상 상위레벨에서 자식 노드로 추가되므로 항목에서 오른쪽 클릭으로 행 계정을 신규로 추가하면 자식 노드와 동일한 계층으로 추가됩니다.

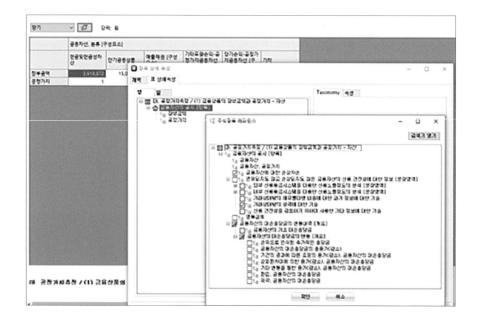

　항목에서 계정 추가를 선택하면 해당 표준주석 표의 전체 계정을 볼 수 있습니다. 이미 추가된 계정은 체크박스가 빠져 있고 체크가능한 계정을 선택한 후 확인 버튼을 누르면 표의 행에 반영됩니다. 해당 표에 원하는 계정이 없다면 우측상단의 검색기 열기를 클릭해 사용자 계정을 검색하거나 신규로 생성할 수 있습니다.

단숨에 배우는 XBRL

원하는 계정을 추가한 다음 표준 한글명과 영문명을 편집하거나 표시할 레이블을 별칭1, 별칭2, 기초, 기말, 합계로 변경해서 사용할 수 있습니다. 속성 탭에서는 계정에 기록할 데이터의 형식을 지정할 수 있습니다.

표준 표의 행과 열은 해당 주석의 표준 항목을 먼저 보여주고 필요시 다른 주석의 항목을 추가할 수 있습니다.

표의 열은 표〉축〉도메인(구성요소의 최 상위계정)〉구성요소로 이루어집니다. 축 아래의 도메인은 속성 창에서 합계 열 설정이 가능합니다. 〈예〉로 초기 설정되어 있으며 도메인 아래의 모든 구성요소들의 합계를 작성하는 열이 생깁니다.

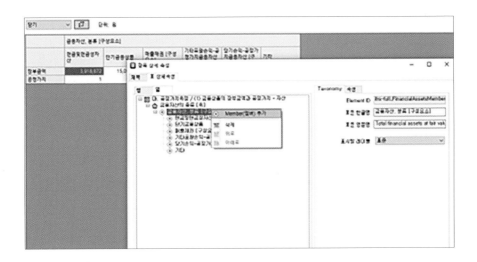

열 탭에서 축 하위 구성요소라는 도메인에서 우클릭으로 구성요소를 추가하는 화면입니다.

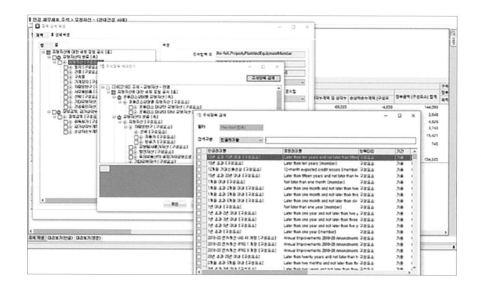

구성요소 추가버튼을 클릭하면 주석항목 검색창이 나타나고 여기서 원하는 구성요소를 검색하거나 스크롤바로 구성요소들을 찾아 더블 클릭하면 원하는 구성요소를 입력할 수 있습니다. 또한 전체 주석에서 검색을 통해 구성요소를 추가하고자 하는 경우 주석항목 검색 기능을 이용하여 한글명 또는 영문명 등으로 검색한 후 구성요소를 추가할 수 있습니다.

만약 신규로 생성하고 싶다면 '신규생성' 버튼으로 새 구성요소를 생성하고 원하는 한글명과 영문명을 설정한 다음 확인 버튼을 눌러 표에 반영합니다.

17.14.4 사용자 주석 작성하기

사용자 주석을 신규로 생성하여 작성하고 주석내용을 입력하는 창입니다. 좌측 재무제표 주석 폴더에서 우측 클릭해서 신규주석 추가를 클릭합니다. 신규주석의 이름을 예시로 '통합 보고'로 변경하고 다시 우측 클릭으로 글자상자, 숫자상자, 날짜상자, 표상자를 추가할 수 있습니다.

각각의 주석항목들은 추가 후 속성창에서 제목과 상세내용을 수정합니다.
신규주석을 추가하고 주석 이름을 설정합니다.

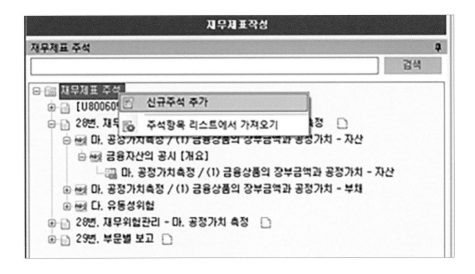

추가된 사용자 주석을 우측 클릭하여 표상자를 추가합니다.

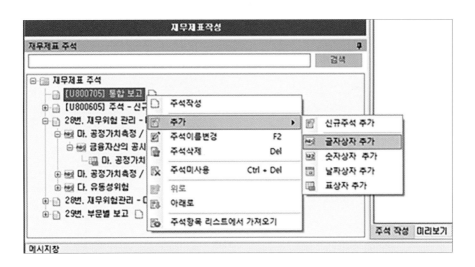

표준주석과 동일하게 행 탭의 표〉항목〉개요 또는 행을 추가하고, 열 탭
에서 표〉축〉도메인〉구성요소의 항목들을 추가하여 원하는 표를 생성합니다.

이때 표준주석에서 상세히 설명한 대로 주석항목 검색기를 통해 추가하거나, 신규로 계정을 생성할 수 있고 표시할 레이블을 별칭1, 별칭2, 기초, 기말, 합계 등의 카테고리를 선택하여 생성해서 표에 표시할 수 있습니다.

17.14.5 주석 표 행·열 전환하기

표준주석 표나 사용자 주석 표를 행렬 변환하여 작성하고자 할 때는 표 피벗을 할 수 있습니다. 표 주석 상단에 당기 드롭박스 우측의 표 전환 아이콘을 클릭하면 행렬변환 팝업이 뜨면서 행과 열을 축 단위로 이동할 수 있습니다.

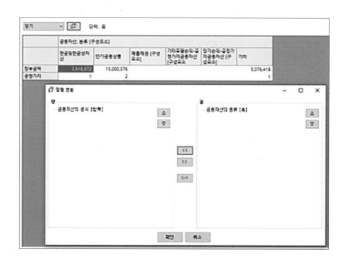

표를 피벗하기 위해 행렬변환 아이콘을 클릭합니다.

행과 열의 항목과 축의 위치를 변경합니다. 여기 여러 축이 있을 때는 축 단위로 부분 변환도 가능합니다.

기존의 표 형태입니다.

당기 ∨ 단위: 원									
금융부채, 범주 [구성요소]									
	매입채무	단기차입금 [구성요소]	미지급금	유동성장기부채		사채	장기 차입금 [구성요소]	장기미지급금	기타
				유동성장기차입금	유동성사채				
장부금액	11,557,441	9,204,268	12,948,960	133,518	5,810		431,915	2,335,218	3,056,156
공정가치	6,599,025	12,520,367	9,671,280	82,253	5,318		150,397	935,038	3,423,251

행렬변환을 통해 피벗이 된 표 형태입니다.

당기 ∨ 단위: 원			장부금액	공정가치
금융부채, 범주 [구성요소]	매입채무		11,557,441	6,599,025
	단기차입금 [구성요소]		9,204,268	12,520,367
	미지급금		12,948,960	9,671,280
	유동성장기부채	유동성장기차입금	133,518	82,253
		유동성사채	5,810	5,318
	사채			
	장기 차입금 [구성요소]		431,915	150,397
	장기미지급금		2,335,218	935,038
	기타		3,056,156	3,423,251

17.14.6 당기/전기 주석 내용 입력하기

사업보고서를 작성할 경우 표 주석은 당기와 전기가 기본적으로 함께 생성이 됩니다. 분기 보고서는 당분기/전분기, 반기 보고서는 당반기/전반기로 생성되며 표 상단의 드롭박스에서 선택해서 입력할 수 있습니다. 입력 후에는 미리보기 탭으로 확인합니다.

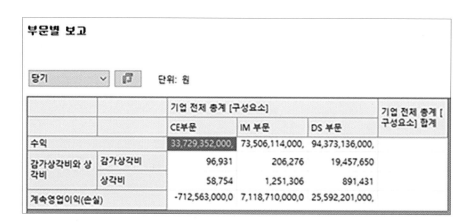

주석 표 상단의 당기로 표시된 표에 해당하는 값을 입력하고 드롭박스를 변경하여 전기를 선택 후 전기에 해당하는 값을 입력합니다.

주석 작성 후 미리보기 탭을 클릭해 당기/전기의 주석항목이 제대로 표시되는지 확인합니다.

전기

		기업 전체 총계 [구성요소]			기업 전체 총계 [구성요소] 합계
		CE부문	IM부문	DS부문	
수익		45,34 5,34 5,00 0,000	11,11 1,11 1,00 0,000	453,5 34,35 5,00 0,000	
감가상각비와 상각비	감가상각비	435,3 45,54 3,00 0,000	2,22 2,22 2,22 2,00 0,000	353,4 53,00 0,000	
	상각비	88,88 8,88 8,00 0,000	3,33 3,43 3,34 3,00 0,000	4,54 3,35 4,00 0,000	
계속영업이익(손실)		8,88 8,88 8,77 7,00 0,000	4,54 5,53 5,00 0,000	42,43 3,43 4,00 0,000	

주석 작성 | 미리보기

17.15 재무제표 검사(F7)

금융감독원에 제출하는 IFRS XBRL 재무제표는 반드시 재무제표 검사를 통과하여야 합니다. 따라서 재무제표 작성이 모두 끝나면 재무제표 검사를 실행하여 오류가 없다는 것을 확인하여야 합니다(수시로 재무제표 검사를 할 수도 있습니다).

〈도구-재무제표 검사〉메뉴를 선택합니다. 재무제표 검사과정이 화면 중앙에 별도의 창으로 표시됩니다. 오류가 발견되면 메시지창에 오류 내용이 표시되며 마우스 왼쪽 버튼을 더블 클릭하면 오류가 발생한 위치로 이동합니다.

여기서 입력한 금액을 계산된 금액으로 변경하려면 메시지창의 오류 내용을 마우스 오른쪽 버튼으로 누르고 〈계산 값 넣기〉를 선택하면 재무제표의 금액이 계산된 금액으로 자동 변경됩니다.

오류를 모두 수정한 후 다시 재무제표 검사를 하면, 오류 정보가 모두 지워지고 재무제표 검사가 완료되었다는 메시지가 나타납니다.

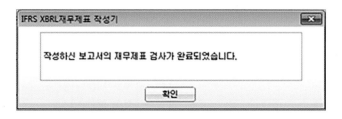

(주의) 재무제표 검사는 제출인의 편의를 위하여 제공되는 기능이므로 재무제표 검사를 완료하였더라도 제출인은 재무제표의 정확성을 직접 확인한 후 제출하여야 합니다.

17.16 전자공시 화면 미리보기

〈보고서-전자공시 미리보기〉 메뉴를 선택하면 작성한 재무제표를 DART 홈페이지상에 게재되는 형식으로 미리 볼 수 있습니다. 그러나 미리보기 한 화면이 공시 화면과 완전히 일치하는 것은 아닙니다.

현재의 '번호부여'와 '표시언어' 설정 상태가 미리보기에도 적용됩니다.

17.17 도움말

17.17.1 작성기 사용법(F1)

문서 작성 중에 기능상의 의문사항이 있거나 사용법을 모를 때는 〈도움말-작성기 사용법〉 메뉴를 선택하면 도움말을 볼 수 있습니다.

17.17.2 IFRS XBRL 작성기 정보

〈도움말-작성기 정보〉 메뉴를 선택하면 현재 사용 중인 IFRS XBRL 작성기의 버전을 확인할 수 있습니다.

17.17.3 현재 문서의 버전 정보

IFRS XBRL 작성기 제일 상단을 보시면 현재 작성 중인 보고서의 버전 정보를 확인할 수 있습니다.

17.18 IFRS XBRL 작성기 단축키 모음

기능	단축키
〈보고서 메뉴〉	
새로 만들기	Ctrl+N
열기	Ctrl+O
닫기	Ctrl+T
저장	Ctrl+S
다른 이름으로 저장	Ctrl+Shift + S
인쇄	Ctrl+P
종료	Alt+F4
〈편집 메뉴〉	
실행 취소	Ctrl+Z
다시 실행	Ctrl+Y
잘라내기	Ctrl+X
복사하기	Ctrl+C
붙여넣기	Ctrl+V
삭제	Del
찾기	Ctrl+F
〈도구 메뉴〉	
재무제표 검사	F7
환경설정	F3
〈도움말 메뉴〉	
도움말 항목	F1
〈계정과목 편집 관련〉	
계정 편집	F2
계정과목 추가	Ins
하위계정과목 추가	Ctrl+Ins
계정과목 삭제	Ctrl+Del

선택한 모든 계정과목 삭제	Ctrl+Shift + Del
삭제된 하위분류계정 되살리기	Ctrl+K
계정과목 위로 이동	Shift + ↑
계정과목 아래로 이동	Shift + ↓
계정 삭제	Del
계정과목 확장	Ctrl+E
계정과목 축소	Ctrl+M
계정과목 선택 취소	Ctrl+Q
〈재무제표 작성 관련〉	
← 당기로 금액당기기	Ctrl+Shift + D
전기로 금액밀기 →	Ctrl+D
부호변경	F6
실행취소	Ctrl+Z
계산합계	F8
〈주석편집 관련〉	
주석 미사용	Ctrl+Del
주석 이름 변경	F2
연결 ↔ 주석 복사	Ctrl+Shift + Ins
위로	Shift + ↑
아래로	Shift + ↓
선택된 주석 항목 삭제	Ctrl+Shift + Del

18. IFRS XBRL재무제표의 제출

　　IFRS XBRL 재무제표를 금융감독원에 제출할 때에는 DART 편집기
를 사용하여 IFRS XBRL 적용대상 공시서류에 단위서식 삽입의 방법으로

IFRS XBRL 재무제표를 첨부합니다. 그 다음 DART 편집기의 〈제출-전송 파일 생성〉 메뉴를 이용하여 전송파일(*.DRT)을 만들고 DART 편집기 또는 DART 접수 홈페이지에서 제출합니다.

18.1 DART 편집기에서 IFRS XBRL 재무제표 삽입하기

18.1.1 IFRS XBRL 재무제표 가져오기

DART 편집기를 실행하여 IFRS XBRL 적용대상 공시서류를 열고 녹색의 재무제표 단위서식 삽입 문구를 클릭하면 '단위서식 가져오기' 창이 나타납니다.

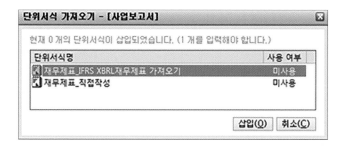

'[IFRS XBRL 재무제표 가져오기]]'를 선택하면 'IFRS XBRL 재무제표 선택' 창이 나타납니다.

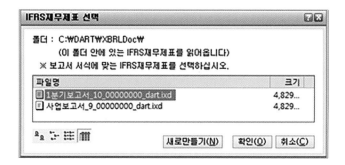

삽입할 IFRS 재무제표 파일을 선택하면 작성한 재무제표가 삽입되며,

재무제표가 정상적으로 표시되는지 살펴봅니다. 이 경우 DART 편집기에서 계정과목과 금액 등은 수정할 수 없지만 셀 너비는 조절할 수 있으며 재무제표 아래에 문단을 추가하실 수도 있습니다.

※ IFRS XBRL 재무제표는 'C:\DART\XBRLDoc' 폴더에 있어야 합니다. 파일의 형태는 "*.IXD"입니다. 또한 공시 대상회사 고유번호와 문서형식이 일치해야 하며 IFRS XBRL 작성기에서 '재무제표 검사'가 정상적으로 완료되었을 경우에만 삽입이 가능합니다.

18.1.2 IFRS XBRL 재무제표 수정과 삭제

'IFRS XBRL 재무제표 새로 고침/수정/삭제' 주황색 문구를 클릭하면 팝업 메뉴가 나타납니다.

〈IFRS XBRL 재무제표 수정〉을 선택하면 XBRL 작성기가 실행되어 삽입된 IFRS XBRL 재무제표가 열립니다. XBRL 재무제표를 수정한 이후에는 반드시 IFRS XBRL 작성기에서 〈도구-재무제표 검사〉 메뉴를 실행하여 오류가 없음을 확인해야 합니다.

IFRS XBRL 작성기로 IFRS XBRL 재무제표의 내용을 변경하였을 때에는 〈IFRS XBRL 재무제표 새로 고침〉을 클릭하여 공시서류에 삽입된 XBRL 재무제표를 변경된 내용으로 업데이트 합니다.

〈IFRS XBRL 재무제표 삭제〉를 선택하면 삽입된 IFRS XBRL 재무제표를 삭제할 수 있습니다.

18.2 IFRS XBRL 재무제표의 전송파일 만들기

IFRS XBRL 재무제표를 전송파일로 만드는 방법은 기존 방법과 유사합니다. 공시서류를 전송파일로 만드는 과정에서 삽입된 IXD파일이 자동으로 전송파일에 포함됩니다. ('6.1 전송파일 생성' 참조)

19. IFRS XBRL 재무제표의 기본정보 항목

19.1 문서정보

항목	설명	비고
보고서유형	사업보고서, 1분기보고서, 반기보고서, 3분기보고서 중 선택	필수
	정정공시여부: 해당보고서가 정정인지를 선택합니다.	
기간정보	문서 작성일에는 보고서작성 및 제출일자를 입력합니다.	
	비교표시 재무제표 작성여부를 표시합니다.	
	당기(당분기, 당반기), 전분(반기), 전기, 전전기에 대한 해당항목의 기수, 회계기간 시작일, 회계기간 종료일, 재무제표 재작성여부를 표시한다.	
최초적용	작성하는 보고서가 속하는 사업연도에 IFRS를 최초 적용했는지 여부를 표시한다.	
감사정보	당기(당분기, 당반기), 전분(반기), 전기, 전전기에 대한 해당항목의 감사구분, 감사인명, 감사의견, 감사보고서일, 감사인 고유번호를 표시한다.	

19.2 회사정보

19.2.1 회사정보

항목	설명	비고
회사고유번호	회사고유번호가 자동으로 입력됩니다.	필수
법인명	법인명을 입력합니다.	필수
법인등록번호	법인등기부상의 법인등록번호를 입력합니다. 단, 국내 상장한 외국법인의 경우 '외국법인'에 체크하면 법인등록번호 기재를 생략할 수 있습니다.	필수
결산월	결산월을 입력합니다.	필수

종업원수	당기 보고서 기간말 기준으로 종업원의 수를 입력합니다.	
주주의 수	당기 보고서 기간말 기준으로 주주의 수를 입력합니다.	
표준산업 분류코드	통계청이 고시하는 한국표준산업분류에 의한 세세분류코드 5자리를 입력합니다.	필수
회사주소	회사주소를 입력합니다.	필수
홈페이지주소	회사 홈페이지 주소를 입력합니다.	필수

19.2.2 상장정보

항목	설명	비고
국내상장정보	회사의 국내 상장정보를 선택합니다.	필수
해외상장정보	회사의 해외 상장정보를 선택합니다.	필수
기타 해외거래소	기타 해외거래소 선택 시 입력합니다.	

19.2.3 통화

항목	설명	비고
통화ISO코드	재무제표의 통화 정보입니다.	필수
단위정보(주석 제외)	금액 단위에 대한 정보입니다.	필수

19.2.4 문서 작성자 정보

구분	성명	직위	전화번호	FAX	E-Mail
공시책임자					
공시담당자					

19.3 서식정보

19.3.1 작성대상 재무제표 선택

　작성하고자 하는 재무제표(연결재무제표와 재무제표)를 '작성'에 체크
표시하여 선택합니다.

19.3.2 각 재무제표 표시방법 선택 요약

	기준서 reference	표시방법
재무상태표	자산, 부채의 표시방법 (1001-§60)	유동/비유동법 구분법
		유동성 순서에 따른 배열법
포괄 손익계산서	보고서개수 (1001-§81)	손익/기타포괄손익 일괄작성
		손익/기타포괄손익 개별작성
		손익 개별작성(기타포괄손익 없는 경우)
	비용의 분류방법(1001-§99)	비용의 기능
		비용의 성격
	기타포괄손익 표시방법 (1001-§91)	세전기타포괄손익
		세후기타포괄손익
현금흐름표	영업활동 현금흐름 표시방법 (1007-§18)	직접법
		간접법

※ 자본변동표에 대해서는 단일한 표시방법으로 작성하며, 금융업은 유동/비유동 구분을 하지
　않고 단일한 서식에 따라 작성합니다.

19.3.3 재무상태표 표시방법

유동성 순서에 따른 표시방법이 신뢰성 있고 더욱 목적 적합한 정보를 제공하는 경우를 제외하고는 유동자산과 비유동자산, 유동부채와 비유동부채로 재무상태표에 구분하여 표시합니다. (K-IFRS 제1001호 60)

유동/비유동법

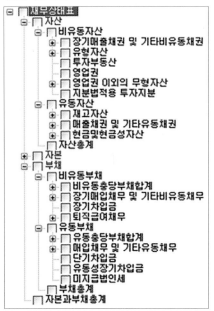

유동성배열법

19.3.4 포괄손익계산서 표시방법

1) 보고서 개수

해당 기간에 인식한 모든 수익과 비용 항목은 다음 중 한 가지 방법으로 표시합니다. (K-IFRS 제1001호 81)

(1) 단일 포괄 손익계산서

(2) 두 개의 보고서: 당기 순손익의 구성요소를 표시하는 보고서(별개의 손익계산서)와 당기 순손익에서 시작하여 기타 포괄 손익의 구성요소를 표시하는 보고서(포괄 손익계산서)

단숨에 배우는 XBRL

단일 포괄 손익계산서

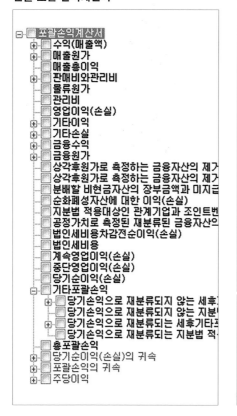

두 개의 보고서

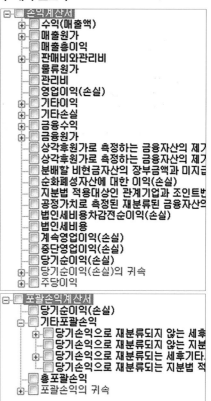

단, 기타 포괄손익이 없는 경우에는 '손익 개별작성(기타 포괄 손익 제외)'를 선택하여 손익계산서를 작성합니다.

2) 비용의 분류방법

기업은 비용의 성격별 또는 기능별 분류방법 중에서 신뢰성 있고 더욱 목적 적합한 정보를 제공할 수 있는 방법을 적용하여 당기손익으로 인식한 비용의 분석내용을 표시합니다. (K-IFRS 제1001호 99)

비용의 기능별 분류

비용의 성격별 분류

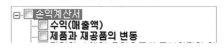

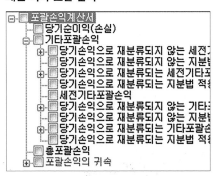

(left tree)
- 매출총이익
- 판매비와관리비
- 물류원가
- 관리비
- 영업이익(손실)
- 기타이익
- 기타손실
- 금융수익
- 금융원가
- 상각후원가로 측정하는 금융자산의 제거
- 상각후원가로 측정하는 금융자산의 제거
- 분배할 비현금자산의 장부금액과 미지급
- 순화폐성자산에 대한 이익(손실)
- 지분법 적용대상인 관계기업과 조인트벤
- 공정가치로 측정된 재분류된 금융자산의
- 법인세비용차감전순이익(손실)
- 법인세비용
- 계속영업이익(손실)
- 중단영업이익(손실)
- 당기순이익(손실)
- 당기순이익(손실)의 귀속
- 주당이익

(right tree)
- 기업이 수행한 용역으로서 자본화되어 있
- 원재료와 소모품의 사용액
- 종업원급여비용
- 감가상각비와 상각비
- 당기손익으로 인식된 손상차손(환입)
- 영업이익(손실)
- 기타이익
- 기타손실
- 금융수익
- 금융원가
- 상각후원가로 측정하는 금융자산의 제거
- 상각후원가로 측정하는 금융자산의 제거
- 분배할 비현금자산의 장부금액과 미지급
- 순화폐성자산에 대한 이익(손실)
- 지분법 적용대상인 관계기업과 조인트벤
- 공정가치로 측정된 재분류된 금융자산의
- 법인세비용차감전순이익(손실)
- 법인세비용
- 계속영업이익(손실)
- 중단영업이익(손실)
- 당기순이익(손실)
- 당기순이익(손실)의 귀속
- 주당이익

3) 기타포괄손익의 분류방법

기타 포괄 손익의 구성요소는 다음 중 한 가지 방법으로 표시할 수 있습니다. (K-IFRS 제1001호 91)

(1) 관련 법인세 효과를 차감한 순액으로 표시

(2) 기타 포괄 손익의 구성요소와 관련된 법인세 효과 반영 전 금액으로 표시하고, 각 항목들에 관련된 법인세 효과는 단일 금액으로 합산하여 표시

세전 기타 포괄 손익

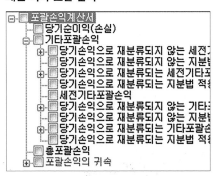

세후 기타 포괄 손익

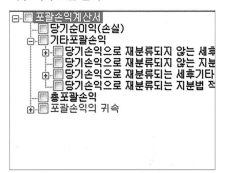

19.3.5 현금흐름표 표시방법

영업활동 현금흐름은 다음 중 하나의 방법으로 보고합니다. (K-IFRS 제1007호 18)

(1) 총현금 유입과 총현금 유출을 주요 항목별로 구분하여 표시하는 방법(직접법)

(2) 당기 순손익에 현금을 수반하지 않는 거래, 과거 또는 미래의 영업활동 현금흐름이나 현금유출의 이연 또는 발생, 투자활동 현금흐름이나 재무활동 현금흐름과 관련된 손익항목의 영향을 조정하여 표시하는 방법(간접법)

직접법

간접법

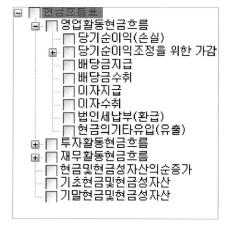

단숨에 배우는 XBRL

3장

XBRL 주석
공시 현황

'23년도 사업보고서부터 재무제표 주석의 XBRL 공시가 의무화된 상장법인(직전 연도 개별자산 총액 2조 원 이상, 유가증권 및 코스닥)의 '23년 사업보고서와 '24년 1분기보고서의 XBRL 주석 공시 현황은 아래와 같다. (2024년 5월 29일 기준이며, 필자가 확인하지 못한 기업이 있을 수 있음)

구분	'23년 사업보고서	'24년 1분기보고서	비고
XBRL 공시完	132	138	
미리보기*	24	23	
소계	156	161	
분기 결산법인	0	1	분기결산법인 사업보고서 공시 일정 미도래
대상아님	12	5	'22년말과 '23년말의 별도재무제표 자산총액 2조이상 해당 여부에 따른 변동

* 미리보기는 전자공시 시스템에서 XBRL Viewer로 조회 시 미리보기만 제공되는 상태로 XBRL 세부 작성 내용을 확인할 수 없음

회사명	23사업	24 1분기
BGF리테일		
CJ	미리보기	
CJ ENM		미리보기
CJ대한통운		미리보기
CJ제일제당	미리보기	
DB하이텍		대상 아님
DL		
DL이앤씨		미리보기
E1	미리보기	
GS		
GS건설		
GS리테일		

회사명	23사업	24 1분기
HDC	미리보기	미리보기
HDC현대산업개발		
HD한국조선해양		미리보기
HD현대		
HD현대건설기계		
HD현대인프라코어	미리보기	
HD현대일렉트릭	미리보기	미리보기
HD현대중공업		미리보기
HJ중공업		
HL만도		
HMM		
KG모빌리티		대상 아님

회사명	23사업	24 1분기
KG스틸		
LG		
LG디스플레이		
LG생활건강		
LG에너지솔루션	미리보기	
LG유플러스		
LG이노텍		
LG전자	미리보기	
LG화학		
LIG넥스원	미리보기	
LX인터내셔널		
LX하우시스		대상 아님
OCI홀딩스		
POSCO홀딩스		
SK	미리보기	
SKC		
SK가스		
SK네트웍스		
SK디앤디	대상 아님	
SK렌터카	미리보기	대상 아님
SK리츠		분기 결산
SK바이오사이언스		
SK스퀘어	미리보기	
SK아이이테크놀로지		
SK이노베이션		
SK텔레콤	미리보기	
SK하이닉스		

회사명	23사업	24 1분기
S-Oil		
강원랜드		
금호석유화학		
금호타이어		
기아		
네이버	미리보기	
넥센타이어		
넷마블		
녹십자	대상 아님	
농심		
대상		
대우건설		
대한유화		
대한항공	미리보기	
대한해운		
동국제강	대상 아님	
동국홀딩스		대상 아님
동원산업		
두산	미리보기	
두산밥캣		
두산에너빌리티		
롯데렌탈		미리보기
롯데리츠		
롯데쇼핑	미리보기	미리보기
롯데웰푸드		
롯데정밀화학		
롯데지주		

회사명	23사업	24 1분기
롯데칠성음료		
롯데케미칼		
롯데하이마트		
삼성SDI		
삼성물산		미리보기
삼성바이오로직스		
삼성에스디에스		
삼성엔지니어링		
삼성전기		
삼성전자		
삼성중공업		
삼양사		미리보기
삼양홀딩스		미리보기
삼천리		
성우하이텍	대상 아님	
셀트리온	미리보기	
신세계		
쌍용씨앤이		
아모레퍼시픽		
아모레퍼시픽그룹		
아시아나항공		
아이에스동서		
에스디바이오센서		
에스엘	대상 아님	
에스원	대상 아님	
에이치엘홀딩스		
에코프로비엠		

회사명	23사업	24 1분기
엔씨소프트		
엘앤에프		미리보기
엘에스일렉트릭		
영원무역	대상 아님	미리보기
영풍		
오뚜기		
오리온홀딩스	대상 아님	
유한양행	미리보기	미리보기
이마트		
지역난방공사		
카카오		
카아오게임즈		대상 아님
카카오페이	미리보기	
케이씨씨		
케이씨씨글라스		
케이티		
케이티앤지		
코오롱글로벌	미리보기	미리보기
코오롱인더		
코웨이		
크래프톤		
태광산업		
태영건설		
파라다이스	대상 아님	
팬오션		
포스코인터내셔널	미리보기	
포스코퓨처엠		

회사명	23사업	24 1분기
풍산		미리보기
하림지주		
하이브		
하이트진로		
한국가스공사		
한국앤컴퍼니		
한국전력공사		
한국타이어앤테크놀로지		
한국항공우주		
한솔제지		
한온시스템		
한일시멘트	대상 아님	
한진		
한진칼		미리보기
한화		미리보기
한화솔루션		
한화시스템		

회사명	23사업	24 1분기
한화에어로스페이스		
한화오션		
현대건설	미리보기	미리보기
현대글로비스		미리보기
현대로템		
현대모비스		
현대미포조선		
현대백화점		
현대엘리베이터		
현대오토에버		
현대위아		
현대자동차		
현대제철		
호텔신라		
효성		
효성중공업		미리보기
효성화학	대상 아님	미리보기

XBRL 공시 세부내역 확인이 가능한 '23년 사업보고서 132개 법인과 '24년 1분기보고서 138개 법인의 XBRL 공시의 품질에도 차이가 존재하나, 2024년 5월 29일 기준으로 확인되는 내용을 기초로 분석한 공시 현황 내역은 아래와 같다. (확인한 일자 이후 개별기업별 XBRL 공시 현황의 변동이 발생할 수 있음) 연결재무제표와 개별재무제표 XBRL 주석에 대해 모두 분석하였으나, 이 책에서는 23년 사업보고서의 개별재무제표 주석을 기준으로 분석된 내용 위주로 기술한다.

XBRL 표준 택사노미의 표준 ROLE 사용 현황은 아래와 같다. 표준

ROLE을 사용하더라도 표준 ROLE에 포함되지 않은 요소의 확장이 가능하지만, 표준 ROLE의 1차적인 사용 현황으로 이해할 수 있다.

표준 ROLE Label	기업수
[D800105] 주석 – 자산, 부채 및 자본의 세 분류 – 별도	–
[D800205] 주석 – 수익과 비용 분석 – 별도	–
[D800305] 주석 – 현금흐름표, 추가공시 – 별도	–
[D800405] 주석 – 자본변동표, 추가공시 – 별도	–
[D800505] 주석 – 주석 목록 – 별도	2
[D800605] 주석 – 회계정책 목록 – 별도	112
[D810005] 주석 – 기업정보와 한국채택국제회계기준 준수 사실 기재 – 별도	93
[D811005] 주석 – 회계정책, 회계추정의 변경 및 오류에 대한 공시 – 별도	38
[D813005] 주석 – 중간재무보고 – 별도	1
[D815005] 주석 – 보고기간 후 사건 – 별도	66
[D816005] 주석 – 초인플레이션 경제에서의 재무보고 – 별도	–
[D817005] 주석 – 사업결합 – 별도	11
[D818005] 주석 – 특수관계자 – 별도	126
[D819105] 주석 – 최초채택 – 별도	–
[D822105] 주석 – 유형자산 – 별도	123
[D822205] 주석 – 탐사평가자산 – 별도	–
[D822305] 주석 – 기타자산 – 별도	101
[D822315] 주석 – 기타부채 – 별도	91
[D822395] 주석 – 금융상품 – 별도	106
[D822405] 주석 – 차입금 – 별도	87
[D822415] 주석 – 현금 및 현금성 자산 – 별도	89
[D822425] 주석 – 매출채권 및 기타채권 – 별도	116
[D822435] 주석 – 범주별 금융상품 – 별도	104
[D822445] 주석 – 금융자산의 양도 – 별도	8

[D836505] 주석 – 보험계약 – 별도	2
[D836605] 주석 – 보험계약 (IFRS 17) – 별도	–
[D838005] 주석 – 주당이익 – 별도	122
[D842005] 주석 – 환율변동효과 – 별도	–
[D851105] 주석 – 현금흐름표 – 별도	122
[D861005] 주석 – 기타포괄손익의 항목별 분석 – 별도	30
[D861205] 주석 – 자본금, 적립금, 기타지분 – 별도	123
[D861305] 주석 – 이익잉여금 처분계산서 – 별도	86
[D861405] 주석 – 기타자본구성요소 – 별도	73
[D868205] 주석 – 사후처리, 복구, 정화를 위한 기금에서 발생한 지분에 대한 권리 – 별도	–
[D868505] 주석 – 조합원 지분과 유사지분 – 별도	–
[D871105] 주석 – 영업부문 – 별도	65
[D880005] 주석 – 추가정보 – 별도	–

XBRL 표준 택사노미의 표준 ROLE 사용 현황은 아래와 같다. 표준 ROLE을 사용하더라도 표준 ROLE에 포함되지 않은 요소의 확장이 가능하지만, 표준 ROLE의 1차적인 사용 현황으로 이해할 수 있다.

개별 기업별 표준 ROLE과 확장 ROLE 사용 현황은 아래와 같다.

회사명	표준Role	확장Role	회사명	표준Role	확장Role
CJ대한통운	29	12	HL홀딩스	31	7
DB하이텍	28	12	KG스틸	31	7
DL	31	6	LG생활건강	24	16
GS	26	6	LG유플러스	28	9
GS건설	32	8	LG이노텍	27	7
HD현대	26	16	LG화학	28	10
HJ중공업	32	8	LSELECTRIC	33	7

회사명	표준Role	확장Role
LX인터내셔널	27	5
LX하우시스	32	10
SK네트웍스	24	8
SK이노베이션	31	13
SK하이닉스	31	3
강원랜드	27	13
고려아연	28	10
금호석유화학	23	11
금호타이어	27	8
기아	22	11
넥센타이어	33	11
넷마블	26	12
농심	32	6
대상	25	7
대우건설	34	5
대한유화	31	4
대한해운	30	13
동국홀딩스	29	6
동원산업	33	5
두산밥캣	0	0
두산에너빌리티	27	9
디엘이앤씨	13	30
롯데렌탈	29	5
롯데웰푸드	30	7
롯데위탁관리부동산투자회사	22	3
롯데정밀화학	28	7
롯데지주	32	6

회사명	표준Role	확장Role
롯데칠성음료	30	10
롯데케미칼	28	17
롯데하이마트	33	6
비지에프리테일	29	9
삼성SDI	29	3
삼성물산	26	5
삼성바이오로직스	24	10
삼성에스디에스	27	9
삼성엔지니어링	26	9
삼성전기	27	1
삼성전자	27	3
삼성중공업	20	17
삼양사	28	5
삼양홀딩스	29	5
삼천리	30	10
신세계	29	18
쌍용씨앤이	29	9
씨제이이엔엠	32	6
아모레퍼시픽	30	5
아모레퍼시픽그룹	27	5
아시아나항공	27	8
아이에스동서	33	6
에스디바이오센서	28	6
에스케이가스	25	7
에스케이바이오사이언스	25	4
에스케이씨	30	13
에스케이아이이테크놀로지	23	8

회사명	표준Role	확장Role
에스케이위탁관리부동산투자회사	22	9
에쓰오일	28	10
에이치디씨현대산업개발	31	5
에이치디한국조선해양	33	13
에이치디현대건설기계	30	8
에이치디현대중공업	33	13
에이치엘만도	30	6
에이치엠엠	30	11
에코프로비엠	29	6
엔씨소프트	27	8
엘앤에프	33	9
엘지	20	4
엘지디스플레이	22	6
영풍	30	11
오뚜기	27	8
오씨아이홀딩스	26	9
이마트	31	10
지에스리테일	31	10
카카오	0	40
카카오게임즈	0	37
케이씨씨	21	19
케이씨씨글라스	34	8
케이티	30	8
케이티앤지	28	8
코오롱인더스트리	33	12
코웨이	35	5
크래프톤	22	4

회사명	표준Role	확장Role
태광산업	27	12
태영건설	23	18
팬오션	28	8
포스코퓨처엠	26	10
포스코홀딩스	34	4
풍산	27	7
하림지주	26	10
하이브	30	5
하이트진로	30	11
한국가스공사	29	22
한국앤컴퍼니	36	1
한국전력공사	29	16
한국지역난방공사	32	7
한국타이어앤테크놀로지	37	4
한국항공우주산업	28	7
한솔제지	32	6
한온시스템	26	13
한진	31	10
한진칼	32	3
한화	27	10
한화솔루션	33	11
한화시스템	27	10
한화에어로스페이스	33	9
한화오션	34	8
현대글로비스	24	8
현대로템	24	13
현대모비스	29	11

현대미포조선	31	7	현대자동차	25	12
현대백화점	30	8	현대제철	30	12
현대엘리베이터	29	7	호텔신라	26	5
현대오토에버	26	6	효성	34	7
현대위아	27	12	효성중공업	33	7

* 두산밥캣은 연결재무제표 주석은 XBRL로 작성되었으나, 별도 재무제표 주석은 XBRL 미작성됨

4장

23년도 사업보고서
XBRL 재무공시
우수법인 사례

금융감독원이 2024년 5월27일 선정 발표한 '23년도 사업보고서 XBRL 재무공시 우수법인' 14개사의 별도 재무제표 XBRL 주석은 아래와 같다.

(GS, KG스틸, 강원랜드, 넷마블, 농심, 롯데지주, 아이에스동서, 에이치디한국조선해양, 엘지, 케이티앤지, 크래프톤, 포스코퓨처엠, 한국항공우주산업, 현대백화점)

회사명	GS
표준 Role	26
확장 Role	6
소계	32

주석명	ROLE	Role확장
1. 일반사항 – 별도	[D810005]	
2. 중요한 회계정책 – 별도	[D800605]	
3. 회계정책과 공시의 변경 – 별도	[D811005]	
4. 재무위험관리 – 별도	[U800405]	확장
5. 공정가치 – 별도	[D823005]	
6. 영업부문 정보 – 별도	[D871105]	
7. 범주별 금융상품 – 별도	[D822435]	
8. 현금 및 현금성자산 – 별도	[D822415]	
9. 금융자산 – 별도	[U800605]	확장
10. 파생금융상품 – 별도	[U800205]	확장
11. 기타수취채권 – 별도	[D822425]	
12. 투자부동산 – 별도	[D825105]	
13. 유형자산 – 별도	[D822105]	
14. 무형자산 – 별도	[D823185]	
15. 종속기업 및 공동 관계기업 – 별도	[D825705]	
16. 기타지급채무 – 별도	[D822495]	

17. 사채 – 별도	[D822455]	
18. 차입금 – 별도	[D822405]	
19. 순확정 급여부채자산 – 별도	[D834485]	
20. 법인세 – 별도	[D835115]	
21. 자본 – 별도	[D861205]	
22. 이익잉여금 처분계산서 – 별도	[D861305]	
23. 비용의 성격별 분류 – 별도	[D834305]	
24. 기타수익과 기타비용 – 별도	[D834325]	
25. 종업원급여	[U800305]	확장
26. 금융수익과 금융비용 – 별도	[D834335]	
27. 주당이익 – 별도	[D838005]	
28. 배당금 – 별도	[U800505]	확장
29. 우발상황 및 약정사항 – 별도	[U800105]	확장
30. 특수관계자 거래 – 별도	[D818005]	
31. 현금흐름관련정보 – 별도	[D851105]	
32. 리스 – 별도	[D832615]	

회사명	KG스틸
표준 Role	31
확장 Role	7
소계	38

주석명	ROLE	Role확장
1. 회사의 개요	[D810005]	
2. 중요한 회계정책	[D800605]	
3. 중요한 회계추정 및 가정	[U800305]	확장
4. 현금 및 현금성자산	[D822415]	
5. 사용제한 금융상품	[D822475]	

6. 매출채권	[D822425]	
7. 기타수취채권	[D822485]	
8. 재고자산	[D826385]	
9. 기타 금융자산 및 기타 유동자산	[D822305]	
10. 파생상품자산	[U800505]	확장
11. 당기손익-공정가치 측정 금융자산	[U800205]	확장
12. 관계기업투자주식	[D825705]	
13. 종속기업투자주식	[D825485]	
14. 투자부동산	[D825105]	
15. 유형자산	[D822105]	
16. 무형자산	[D823185]	
17. 사용권자산	[D832615]	
18. 담보제공자산	[U800105]	확장
19. 계약부채	[U800405]	확장
20. 기타부채	[D822315]	
21. 종업원급여	[D834485]	
22. 차입금	[D822405]	
23. 사채	[D822455]	
24. 자본	[D861205]	
25. 주당이익	[D838005]	
26. 이익잉여금	[D861305]	
27. 비용의 성격별 분류	[D834305]	
28. 판매비와 관리비	[D834315]	
29. 기타수익과 기타비용	[D834325]	
30. 금융수익과 금융비용	[D834335]	
31. 법인세	[D835115]	
32. 현금흐름표	[D851105]	
33. 특수관계자	[D818005]	

34. 우발부채와 약정사항	[D827575]	
35.1 재무위험관리	[U800905]	확장
35.2 자본위험관리	[U800605]	확장
35.3 범주별 금융상품 및 공정가치	[D823005]	
36. 고객과의 계약에서 생기는 수익	[D831155]	

회사명	강원랜드
표준 Role	27
확장 Role	13
소계	40

주석명	ROLE	Role확장
1. 일반현황	[D810005]	
2. 별도재무제표 작성기준 및 중요한 회계정책	[D800605]	
3. 현금 및 현금성자산	[D822415]	
4. 금융자산	[D822395]	
5. 당기손익-공정가치측정금융자산	[U800605]	확장
6. 상각 후 원가측정 금융자산	[U800705]	확장
7. 기타금융자산	[U800805]	확장
8. 대여금	[U800905]	확장
9. 매출채권 및 기타채권	[D822425]	
10. 재고자산	[D826385]	
11. 비금융자산	[D822305]	
12. 종속기업 및 관계기업 투자지분	[D825705]	
13. 유형자산	[D822105]	
14. 무형자산	[D823185]	
15. 투자부동산	[D825105]	
16. 매입채무 및 기타채무	[D822465]	
17. 비금융부채	[D822315]	

18. 계약부채	[U800205]	확장
19. 리스	[D832615]	
20. 종업원급여	[D834485]	
21. 충당부채, 우발부채 및 약정사항	[U801205]	확장
22. 정부보조금	[D831405]	
23. 납입자본	[D861205]	
24. 이익잉여금과 배당금	[U800105]	확장
25. 이익잉여금 처분계산서(안)	[D861305]	
26. 기타자본구성요소	[D861405]	
27. 수익	[D831155]	
28. 판매비와 관리비	[U800305]	확장
29. 기타수익과 기타비용	[D834325]	
30. 기타손익	[U800405]	확장
31. 금융수익	[D834335]	
32. 금융원가	[U800505]	확장
33. 계속영업과 관련된 법인세	[D835115]	
34. 비용의 성격별 분류	[D834305]	
35. 주당손익	[D838005]	
36. 범주별 금융상품	[U801005]	확장
37. 위험관리	[U801105]	확장
38. 특수관계자 거래	[D818005]	
39. 현금흐름표	[D851105]	
40. 전기 재무제표 재작성	[U801305]	확장

회사명	넷마블
표준 Role	26
확장 Role	12
소계	38

주석명	ROLE	Role확장
1. 회사의 개요	[U800105]	확장
2.(1). 재무제표 작성기준	[D810005]	
2.(2). 기준서 및 해석서의 개정에 따른 회계정책 변경내용	[D811005]	
2.(3). 중요한 회계정책	[D800605]	
3. 중요한 판단과 추정 불확실성의 주요 원천	[U800205]	확장
4. 금융상품의 구분 및 공정가치	[D823005]	
5. 현금및현금성자산	[D822415]	
6. 사용이 제한된 금융자산	[D822475]	
7. 당기손익-공정가치측정 금융자산	[U800305]	확장
8. 매출채권	[U800405]	확장
9. 재고자산	[D826385]	
10. 기타금융자산	[U800505]	확장
11. 리스	[D832615]	
12. 기타포괄손익-공정가치측정 금융자산	[U800605]	확장
13. 종속기업 및 관계기업투자주식	[D825705]	
14. 유형자산	[D822105]	
15. 투자부동산	[D825105]	
16. 무형자산	[D823185]	
17. 기타자산	[D822305]	
18. 차입금 및 사채	[U800705]	확장
19. 기타금융부채	[U800805]	확장
20. 기타부채	[D822315]	
21. 순확정급여부채(자산)	[D834485]	
22. 우발부채와 약정사항	[U801005]	확장
23. 자본금과 자본잉여금	[D861205]	
24. 이익잉여금	[U801105]	확장
25. 기타자본항목	[D861405]	

26. 주당이익(손실)	[D838005]	
27. 영업수익	[D831155]	
28. 영업비용	[U801205]	확장
29. 금융수익과 금융비용	[D834335]	
30. 영업외수익 및 영업외비용	[U801305]	확장
31. 현금흐름표	[D851105]	
32. 범주별 금융상품	[D822435]	
33. 금융위험관리	[D822395]	
34. 법인세비용	[D835115]	
35. 특수관계자	[D818005]	
36. 보고기간 후 사건	[D815005]	

회사명	농심
표준 Role	32
확장 Role	6
소계	38

주석명	ROLE	Role확장
01. 일반사항	[D810005]	
02. 재무제표 작성기준 및 중요한 회계정책	[D800605]	
03. 영업부문	[D871105]	
04. 금융상품	[D822435]	
05. 현금 및 현금성자산	[D822415]	
06. 기타금융자산	[U800805]	확장
07. 매출채권	[D822425]	
08. 기타채권	[D822485]	
09. 재고자산	[D826385]	
10. 기타자산	[D822305]	

11. 종속기업 및 관계기업투자	[D825705]	
12. 유형자산	[D822105]	
13. 리스	[D832615]	
14. 무형자산	[D823185]	
15. 투자부동산	[D825105]	
16. 기타채무	[D822495]	
17. 기타부채	[D822315]	
18. 차입금	[D822405]	
19. 환불부채	[U800105]	확장
20. 배출권 및 배출부채	[U800305]	확장
21. 퇴직급여	[D834485]	
22.기타 장기종업원 급여부채	[U800205]	확장
23. 우발사항 및 기타약정사항	[U800705]	확장
24. 자본금	[D861205]	
25. 기타자본항목	[D861405]	
26. 이익잉여금	[D861305]	
27. 매출액과 매출원가	[D831155]	
28. 판매비와 관리비	[D834315]	
29. 비용의 성격별 분류	[D834305]	
30. 기타수익과 기타비용	[D834325]	
31. 금융수익과 금융비용	[D834335]	
32. 법인세	[D835115]	
33. 주당이익	[D838005]	
34. 배당금	[U800605]	확장
35. 특수관계자	[D818005]	
36. 현금흐름표	[D851105]	
37. 보험가입자산	[D836505]	
38. 재무위험관리의 목적 및 정책	[D822395]	

회사명	롯데지주
표준 Role	32
확장 Role	6
소계	38

주석명	ROLE	Role확장
1. 기업정보와 한국채택국제회계기준 준수 사실 기재 – 별도	[D810005]	
2. 회계정책, 회계추정의 변경 및 오류에 대한 공시 – 별도	[D811005]	
3. 회계정책 목록 – 별도	[D800605]	
4. 매출채권 및 기타채권 – 별도	[D822425]	
5. 사용이 제한된 금융자산 – 별도	[D822475]	
6. 기타금융자산 – 별도	[U800105]	확장
7. 기타금융부채 – 별도	[U800205]	확장
8. 금융상품 – 별도	[D822395]	
9. 공정가치측정 – 별도	[D823005]	
10. 기타자산 – 별도	[D822305]	
11. 매각예정 비유동자산과 중단영업 – 별도	[D825905]	
12. 타 기업에 대한 지분의 공시 – 별도	[D825705]	
13. 유형자산 – 별도	[D822105]	
14. 무형자산 – 별도	[D823185]	
15. 자산손상 – 별도	[D832415]	
16. 투자부동산 – 별도	[D825105]	
17. 매입채무 및 기타채무 – 별도	[D822465]	
18. 차입금 – 별도	[D822405]	
19. 충당부채 – 별도	[D827575]	
20. 기타부채 – 별도	[D822315]	
21. 종업원급여 – 별도	[D834485]	
22. 파생상품 – 별도	[U800405]	확장

23. 자본금, 적립금, 기타지분 – 별도	[D861205]	
24. 기타자본구성요소 – 별도	[D861405]	
25. 이익잉여금 처분계산서 – 별도	[D861305]	
26. 주당이익 – 별도	[D838005]	
27. 영업수익 및 영업비용 – 별도	[U800505]	확장
28. 금융수익과 금융비용 – 별도	[D834335]	
29. 기타수익과 기타비용 – 별도	[D834325]	
30. 법인세 – 별도	[D835115]	
31. 현금 및 현금성자산 – 별도	[D822415]	
32. 현금흐름표 – 별도	[D851105]	
33. 리스 – 별도	[D832615]	
34. 우발부채와 약정사항 – 별도	[U800705]	확장
35. 특수관계자 – 별도	[D818005]	
36. 위험관리 – 별도	[U800905]	확장
37. 사업결합 – 별도	[D817005]	
38. 보고기간 후 사건 – 별도	[D815005]	

회사명	아이에스동서
표준 Role	33
확장 Role	6
소계	39

주석명	ROLE	Role확장
1. 일반사항	[D810005]	
2. 재무제표 작성기준 및 중요한 회계정책	[D800605]	
3. 범주별 금융상품	[D822435]	
4. 현금 및 현금성자산	[D822415]	
5. 매출채권 및 기타채권	[D822425]	

6. 기타금융자산	[U800105]	확장
7. 기타자산	[D822305]	
8. 재고자산	[D826385]	
9. 관계기업투자	[D825485]	
10. 유형자산	[D822105]	
11. 투자부동산	[D825105]	
12. 무형자산	[D823185]	
13. 매입채무 및 기타채무	[D822465]	
14. 차입금 등	[D822405]	
15. 담보제공자산 등	[U801305]	확장
16. 기타금융부채	[U801105]	확장
17. 기타 유동부채	[D822315]	
18. 충당부채	[D827575]	
19. 퇴직급여	[D834485]	
20. 자본금	[D861205]	
21. 자본잉여금	[U800405]	확장
22. 자본조정	[D861405]	
23. 기타 포괄손익 누계액	[D861005]	
24. 이익잉여금	[D861305]	
25. 건설계약	[D831155]	
26. 매출과 매출원가	[U801205]	확장
27. 비용의 성격별 분류	[D834305]	
28. 판매비와 관리비	[D834315]	
29. 기타수익과 기타비용	[D834325]	
30. 금융수익과 금융비용	[D834335]	
31. 법인세	[D835115]	
32. 주당이익	[D838005]	
33. 현금흐름표	[D851105]	

34. 보험가입자산	[D836505]	
35. 특수관계자	[D818005]	
36. 영업부문	[D871105]	
37. 재무위험관리의 목적 및 정책	[D822395]	
38. 공정가치	[D823005]	
39. 우발채무와 주요 약정사항	[U800605]	확장

회사명	에이치디한국조선해양
표준 Role	33
확장 Role	13
소계	46

주석명	ROLE	Role확장
1. 회사의 개요	[D810005]	
2. 재무제표 작성기준	[U800905]	확장
3. 회계정책의 변경	[D811005]	
4. 중요한 회계정책	[D800605]	
5. 위험관리	[U800105]	확장
6. 현금 및 현금성자산	[D822415]	
7. 장ㆍ단기 금융자산	[U800205]	확장
8. 사용이 제한된 금융상품	[D822475]	
9. 매출채권 및 기타채권과 계약자산	[D822425]	
10. 재고자산	[D826385]	
11. 기타 유동자산 및 기타 비유동자산	[D822305]	
12. 종속기업투자	[U801005]	확장
13. 관계기업투자	[D825705]	
14. 공동기업투자	[U801105]	확장
15. 공정가치측정금융자산	[U800305]	확장

16. 투자부동산	[D825105]	
17. 유형자산	[D822105]	
18. 사용권자산과 리스부채	[D832615]	
19. 무형자산	[D823185]	
20. 장·단기 금융부채	[U800505]	확장
21. 매입채무 및 기타채무와 기타 유동부채	[D822465]	
22. 차입금	[D822405]	
23. 종업원급여	[D834485]	
24. 충당부채	[D827575]	
25. 파생금융상품	[U800605]	확장
26. 자본금과 자본잉여금	[D861205]	
27. 자본조정	[D861405]	
28. 기타 포괄손익 누계액	[D861005]	
29. 이익잉여금	[D861305]	
30. 수익	[D831155]	
31. 판매비와 관리비	[D834315]	
32. 성격별 비용	[D834305]	
33. 금융수익과 금융비용	[D834335]	
34. 기타 영업외수익과 기타 영업외비용	[D834325]	
35. 법인세비용	[D835115]	
36. 주당이익(손실)	[D838005]	
37. 현금흐름표	[D851105]	
38. 금융상품의 범주별 분류 및 손익	[D822435]	
39. 금융상품	[D822395]	
40. 우발부채와 약정사항	[U800705]	확장
41. 주요 소송사건	[U800805]	확장
42. 특수관계자	[D818005]	
43. 매각예정 비유동자산	[U801205]	확장

44. 영업 양수도	[U801305]	확장
45. 글로벌 최저한세	[U801405]	확장
46. 보고기간 후 사건	[D815005]	

회사명	엘지
표준 Role	20
확장 Role	4
소계	24
비고	1, 2, 3번 주석은 XBRL에서 확인 안 됨

주석명	ROLE	Role확장
4. 부문별 정보	[D871105]	
5. 금융상품의 구분 및 공정가치	[D822395]	
6. 현금 및 현금성자산	[D822415]	
7. 미수금 및 기타채권	[D822425]	
8. 기타자산	[D822305]	
9. 유형자산 및 투자부동산	[D822105]	
10. 무형자산	[D823185]	
11. 종속기업, 관계기업 및 공동기업투자	[D825705]	
13. 기타부채	[D822315]	
14. 자본금 및 기타자본항목	[D861205]	
15. 자본잉여금	[U800205]	확장
16. 기타 포괄손익 누계액	[D861005]	
17. 이익잉여금과 배당금	[U800305]	확장
18. 영업이익	[D834315]	
19. 금융수익 및 금융비용	[D834335]	
20. 법인세	[D835115]	
21. 주당순이익	[D838005]	

22. 특수관계자와의 거래	[D818005]	
23. 약정사항, 견질 및 담보	[D822475]	
24. 리스	[D832615]	
25. 우발상황	[U800405]	확장
26. 위험관리	[U800705]	확장
27. 현금흐름정보	[D851105]	

회사명	케이티앤지
표준 Role	28
확장 Role	8
소계	36

주석명	ROLE	Role확장
1. 회사의 개요 (별도)	[U801105]	확장
2. 중요한 회계정책 (별도)	[D800605]	
3. 중요한 회계추정 및 가정 (별도)	[U801305]	확장
4. 영업부문 (별도)	[D871105]	
5. 현금 및 현금성자산과 기타금융자산 (별도)	[D822415]	
6. 당기손익-공정가치금융자산 (별도)	[U801005]	확장
7. 매출채권 및 기타채권 (별도)	[D822425]	
8. 재고자산 (별도)	[D826385]	
9. 기타포괄손익-공정가치금융자산 (별도)	[U800605]	확장
10. 관계기업 및 공동기업투자 (별도)	[D825705]	
11. 종속기업투자 (별도)	[D825485]	
12. 유형자산 (별도)	[D822105]	
13. 무형자산 (별도)	[D823185]	
14. 투자부동산 (별도)	[D825105]	
15. 매각예정자산 (별도)	[U800705]	확장

16. 사용권자산 (별도)	[D832615]	
17. 차입금 및 사채 (별도)	[D822405]	
18. 매입채무 및 기타채무 (별도)	[D822465]	
19. 종업원급여 (별도)	[D834485]	
20. 환불부채 및 충당부채 (별도)	[D827575]	
21. 자본금 및 기타자본잉여금 (별도)	[D861205]	
22. 자기주식 및 자기주식처분이익 (별도)	[D861405]	
23. 적립금 (별도)	[U800105]	확장
24. 이익잉여금 (별도)	[D861305]	
25. 분양계약 (별도)	[U800305]	확장
26. 영업비용 (별도)	[D834315]	
27. 기타수익 및 기타비용 (별도)	[D834325]	
28. 금융수익 및 금융원가 (별도)	[D834335]	
29. 법인세비용 및 이연 법인세 (별도)	[D835115]	
30. 주당이익 (별도)	[D838005]	
31. 특수관계자 (별도)	[D818005]	
32. 금융상품의 위험관리와 공정가치 (별도)	[D822395]	
33. 자본관리 (별도)	[U800405]	확장
34. 우발부채와 약정사항 (별도)	[D822475]	
35. 현금흐름표 (별도)	[D851105]	
36. 보고기간 후 사건 (별도)	[D815005]	

회사명	크래프톤
표준 Role	22
확장 Role	4
소계	26
비고	1, 2, 3, 12번 주석은 XBRL에서 확인 안 됨

주석명	ROLE	Role확장
4. 재무위험관리	[D822395]	
5. 공정가치	[D823005]	
6. 범주별 금융상품	[D822435]	
7. 매출채권, 기타금융자산 및 기타자산	[D822425]	
8. 사용이 제한된 예금 등	[D822475]	
9. 기타부채	[D822465]	
10. 당기손익-공정가치측정금융자산	[U800105]	확장
11. 기타포괄손익-공정가치측정금융자산	[U800205]	확장
13. 유형자산 및 리스	[D822105]	
14. 무형자산	[D823185]	
15. 투자부동산	[D825105]	
16. 순확정급여부채	[D834485]	
17. 충당부채	[D827575]	
18. 우발채무와 주요 약정사항	[U800405]	확장
19. 자본	[D861205]	
20. 주식기준보상	[D834125]	
21. 고객과의 계약에서 생기는 수익 및 관련 자산과 부채	[D831155]	
22. 영업비용	[U800505]	확장
23. 기타수익 및 기타비용	[D834325]	
24. 금융수익 및 금융비용	[D834335]	
25. 법인세비용	[D835115]	
26. 주당이익	[D838005]	
27. 현금흐름표	[D851105]	
28. 특수관계자와의 거래	[D818005]	
29. 영업부문	[D871105]	
30. 사업양수도	[D817005]	

회사명	포스코퓨처엠
표준 Role	26
확장 Role	10
소계	36
비고	1, 3, 16, 24번 주석은 XBRL에서 확인 안 됨

주석명	ROLE	Role확장
2.재무제표 작성기준 및 중요한 회계정책	[U800105]	확장
4.재무위험관리	[U800205]	확장
5.범주별 금융상품	[D822435]	
6.현금 및 현금성자산	[D822415]	
7.사용제한 금융상품	[D822475]	
8.매출채권 및 계약자산	[D822425]	
9.기타금융자산	[U800405]	확장
10.기타자산	[D822305]	
11.재고자산	[D826385]	
12.유형자산	[D822105]	
13.사용권자산과 리스부채	[D832615]	
14.무형자산	[D823185]	
15.투자부동산	[D825105]	
17.기타금융부채	[U800505]	확장
18.기타 유동부채 및 계약부채	[D822315]	
19.차입금 및 사채	[D822405]	
20.퇴직급여	[D834485]	
21.법인세비용	[D835115]	
22.충당부채	[D827575]	
23.자본금	[D861205]	
25.자본조정	[U800605]	확장

주석명	ROLE	Role확장
26.기타 포괄손익 누계액 및 이익잉여금	[U800705]	확장
27.수익	[D871105]	
28.건설계약	[D831155]	
29.일반영업비용(일반관리비, 판매 및 물류비)	[D834315]	
30.기타수익 및 기타비용	[D834325]	
31.비용의 성격별 분류	[D834305]	
32.금융수익 및 금융비용	[D834335]	
33.주당순이익	[D838005]	
34.배당금	[U800805]	확장
35.영업으로부터 창출된 현금	[D851105]	
36.우발상황	[U800905]	확장
37.약정사항	[U801005]	확장
38.특수관계자	[D818005]	
39.온실가스 배출권과 배출부채	[U801105]	확장
40.보고기간 후 사건	[D815005]	

회사명	한국항공우주산업
표준 Role	28
확장 Role	7
소계	35
비고	1, 2번 주석은 XBRL에서 확인 안 됨

주석명	ROLE	Role확장
3.중요한 판단과 추정	[U800305]	확장
4.사용이 제한된 금융자산	[D822475]	
5.공정가치	[D823005]	
6.범주별 금융상품	[D822435]	
7.매출채권, 계약자산 및 기타금융자산	[D822425]	

8.재고자산	[D826385]	
9.당기손익-공정가치 측정 금융상품	[U800105]	확장
10.종속기업, 관계기업 및 공동기업 투자	[D825705]	
11.유형자산 및 매각예정 비유동자산	[D822105]	
12.무형자산	[D823185]	
13.리스	[D832615]	
14.기타자산	[D822305]	
15.매입채무 및 기타금융부채	[D822465]	
16.차입금 및 사채	[D822455]	
17.기타부채	[D822315]	
18.계약부채	[U800205]	확장
19.순확정급여부채	[D834485]	
20.충당부채	[D827575]	
21.우발채무와 약정사항	[U800705]	확장
22.자본금	[D861205]	
23.이익잉여금	[D861305]	
24.기타자본항목	[D861405]	
25.주당이익	[D838005]	
26.원가기준 투입법 적용계약	[D831155]	
27.비용의 성격별 분류	[D834305]	
28.판매비와 관리비	[D834315]	
29.기타수익 및 비용	[D834325]	
30.금융수익 및 비용	[D834335]	
31.법인세비용	[D835115]	
32.영업활동 현금흐름	[D851105]	
33.특수관계자와의 거래	[D818005]	
34.계류중인 소송사건	[U800405]	확장
35.재무위험관리	[U800505]	확장

| 36.영업부문 | [D871105] | |
| 37.수익 | [U800605] | 확장 |

회사명	현대백화점
표준 Role	30
확장 Role	8
소계	38

주석명	ROLE	Role확장
1. 일반적 사항	[D810005]	
2. 재무제표 작성기준 및 중요한 회계정책	[D800605]	
3. 중요한 회계추정 및 가정	[U800105]	확장
4. 부문별 공시	[D871105]	
5. 금융상품	[D822395]	
6. 금융자산	[D822435]	
7. 계약자산과 계약부채	[U800205]	확장
8. 현금 및 현금성자산	[D822415]	
9. 사용이 제한된 금융자산	[D822475]	
10. 재고자산	[D826385]	
11. 기타 유동자산	[D822305]	
12. 종속기업 및 관계기업 투자주식	[D825705]	
13. 유형자산	[D822105]	
14. 무형자산	[D823185]	
15. 투자부동산	[D825105]	
16. 리스	[D832615]	
17. 매입채무 및 기타채무	[D822465]	
18. 장·단기 차입금 및 사채	[D822405]	
19. 순확정급여부채(자산)	[D834485]	

20. 기타부채	[D822315]	
21. 비유동 충당부채	[U800305]	확장
22. 자본금 및 별도자본잉여금	[D861205]	
23. 별도이익잉여금	[U800405]	확장
24. 별도 기타 포괄손익 누계액 및 별도 기타 자본항목	[U800505]	확장
25. 고객과의 계약에서 생기는 수익	[D831155]	
26. 판매비와 관리비	[D834315]	
27. 기타수익과 기타비용	[D834325]	
28. 금융수익과 금융비용	[D834335]	
29. 비용의 성격별 분류	[D834305]	
30. 이연 법인세 및 법인세비용	[D835115]	
31. 주당순이익	[D838005]	
32. 현금흐름	[D851105]	
33. 우발상황 및 약정사항	[D827575]	
34. 파생상품 및 위험회피회계	[U800605]	확장
35. 특수관계자 거래	[D818005]	
36. 재무위험관리	[U800705]	확장
37. 재무제표 승인	[U800805]	확장
38. 보고기간 후 사건	[D815005]	

5장

주석별 XBRL
공시 사례

공시사례 1. 공정가치

사례1의 '23년 별도 감사보고서의 공정가치 주석은 아래와 같다.

〈XBRL 편집기에서 '연결(~)별도 주석 복사' 기능을 연결 또는 별도 중 하나를 작성 후 복사하여 나머지 하나를 작성할 수 있다. 이 책에서는 일관성을 위해 별도 주석을 기준으로 기술한다.〉

5. 공정가치
5.1 금융상품 종류별 공정가치

당기 말 및 전기 말 현재 금융상품의 종류별 장부금액 및 공정가치는 다음과 같습니다.

(단위: 백만원)

구분	당기 말		전기 말	
	장부금액	공정가치	장부금액	공정가치
금융자산				
현금 및 현금성자산	421,254	(*1)	131,094	(*1)
당기손익-공정가치측정금융자산	104,643	104,643	78,882	78,882

파생상품자산	5,715	5,715	9,291	9,291
기타수취채권	3,077	(*1)	2,930	(*1)
합계	534,689		222,197	

금융부채				
기타지급채무(*2)	54,264	38,509	51,742	35,368
차입금 및 사채	604,374	600,292	927,969	901,845
합계	658,638		979,711	

(*1) 장부금액이 공정가치의 합리적인 근사치인 금융자산은 공정가치 공시에서 제외하였습니다.

(*2) 장부금액이 공정가치의 합리적인 근사치인 금융부채와 리스부채 15,182백만원 (전기말: 15,273백만원)은 공정가치 공시에서 제외하였습니다.

5.2 공정가치 서열체계

공정가치로 측정되거나 공정가치가 공시되는 금융상품을 공정가치 서열체계에 따라 구분하며 정의된 수준을 다음과 같습니다.

- 동일한 자산이나 부채에 대한 활성시장의 (조정되지 않은) 공시가격(수준 1)

- 직접적으로(예 : 가격) 또는 간접적으로(예 : 가격에서 도출되어) 관측 가능한 자산이나 부채에 대한 투입변수. 단 수준 1에 포함된 공시가격은 제외함(수준 2)

- 관측 가능한 시장자료에 기초하지 않은, 자산이나 부채에 대한 투입변수(관측 가능하지 않은 투입변수)(수준 3)

공정가치로 측정되는 금융상품의 공정가치 서열 체계 구분은 다음과 같습니다.

(단위 : 백만원)

구분	당기 말			
	수준 1	수준 2	수준 3	합계
반복적인 공정가치 측정치				
당기손익-공정가치측정금융자산	-	-	104,643	104,643
파생상품자산	-	5,715	-	5,715
금융자산 합계	-	5,715	104,643	110,358

(단위: 백만원)

구분	전기 말			
	수준 1	수준 2	수준 3	합계
반복적인 공정가치 측정치				
당기손익-공정가치측정금융자산	-	-	78,882	78,882
파생상품자산	-	9,291	-	9,291
금융자산 합계	-	9,291	78,882	88,173

5.3 반복적인 공정가치 측정치의 서열 체계 수준 간 이동

회사는 공정가치 서열 체계의 수준 간 이동을 보고기간 말에 인식합니다. 당기 중 공정가치 서열체계의 수준 간 이동이 없습니다.

5.4 가치 평가 기법과 투입 변수

회사는 공정가치 서열 체계 수준 2로 분류되는 파생상품이 공정가치는 현금흐름할인법 등의 파생상품 평가 모형을 사용하여 산정하고 있습니다. 파생상품 평가모형의 주요 투입 변수는 선도환율, 이자율 등이 있으며, 파생상품 평가모형의 주요 투입 변수는 현금흐름할인법 등의 파생상품 평가상품의 유형과 기초자산의 성격에 따라서 달라질 수 있습니다.

또한 공정가치 서열 체계에서 수준 2로 분류되는 회사채, 국공채 등에 대하여 미래 현금흐름을 적정이자율로 할인하는 현재가치법을 사용하고 있습니다.

수준 3으로 분류된 주요 금융상품에 대하여 사용된 가치평가 기법과 투입 변수는 다음과 같습니다.

(단위: 백만원)

당기 말

구분	공정가치	수준	가치평가기법	수준3 투입변수	투입변수 범위 (가중평균)
금융자산					
당기손익-공정가치측정금융자산	104,643	3	순자산가치법	-	-

전기 말

구분	공정가치	수준	가치평가기법	수준3 투입변수	투입변수 범위 (가중평균)
금융자산					
당기손익-공정가치측정금융자산	78,882	3	순자산가치법	-	-

사례1의 '23년 사업보고서상의 공정가치 XBRL 주석은 문장영역과 각각의 표로 매핑 내역이 구분된다.

문장영역은 아래와 같이 매핑이 되어 있다.

계층	한글명	ID명	설명
FD0	[D823005] 5. 공정가치 – 별도 | 5. Fair value measurement – Separated financial statements	[D823005] 5. 공정가치 – 별도 | 5. Fair value measurement – Separated financial statements	주석 제목
FD1	공정가치측정에 대한 공시 [문장영역]	ifrs-full: DisclosureOfFairValueMeasurementExplanatory	공정가치측정에 대한 공시 [문장영역]
FD2	자산의 공정가치측정에 대한 공시	ifrs-full: DisclosureOfFairValueMeasurementOfAssetsExplanatory	[D823005a] 문장영역
FD2	부채의 공정가치측정에 대한 공시 [문장영역]	ifrs-full: DisclosureOfFairValueMeasurementOfLiabilitiesExplanatory	[D823005b] 문장영역
FD2	공정가치 서열체계	entity00500254:DisclosureOfLevelsOfFairValueHierarchyOfFinancialAssetsAndFinancialLiabilitiesTableTe	공정가치 서열체계에 대한 기술
FD2	5.3. 반복적인 공정가치 측정치의 서열체계 수준 간 이동	entity00500254:DescriptionOfPolicyForDeterminingWhenTransfersBetweenLevelsAreDeemedToHaveOccurredAss	[D823005c] 문장영역
FD2	5.4 가치평가 및 투입변수	entity00500254:DisclosureOfLevelsOfFairValueHierarchyOfFinancialAssetsAndFinancialLiabilitiesTextBlo	[D823005d] 문장영역
FD2	5.5 수준 3으로 분류된 공정가치 측정치의 가치평가과정	entity00500254: DescriptionOfAccountingPolicyForFairValueMeasurementExplanatory	현재가치법 사용에 대한 기술

[D823005a] 자산의 공정가치 측정에 대한 표는 아래와 같이 매핑이 되어 있다.

계층	한글명	ID명	설명
FD0	[D823005a] 주석 – 공정가치측정 – 연결	Notes – Fair value measurement – Consolidated financial statements	[D823005a] 주석 – 공정가치측정 – 연결	Notes – Fair value measurement – Consolidated financial statements	
FD1	자산의 공정가치측정에 대한 공시 [개요]	ifrs-full: DisclosureOfFairValueMeasurementOfAssetsAbstract	
FD2	자산의 공정가치측정에 대한 공시 [표]	ifrs-full: DisclosureOfFairValueMeasurementOfAssetsTable	
FD3	측정 [축]	ifrs-full MeasurementAxis	
FD4	측정 전체 [구성요소]	ifrs-full: AggregatedMeasurementMember	
FD5	장부금액 [구성요소]	ifrs-full: CarryingAmountMember	
FD5	공정가치 [구성요소]	ifrs-full: AtFairValueMember	
FD2	자산의 공정가치측정에 대한 공시 [항목]	ifrs-full: DisclosureOfFairValueMeasurementOfAssetsLineItems	
FD3	현금 및 현금성자산	ifrs-full: CashAndCashEquivalents	
FD3	당기손익 인식 금융자산	ifrs-full: FinancialAssetsAtFairValueThroughProfitOrLoss	
FD3	파생상품 금융자산	ifrs-full: DerivativeFinancialAssets	
FD3	매출채권 및 기타채권	ifrs-full: TradeAndOtherReceivables	
FD3	금융자산	ifrs-full: FinancialAssets	
FD3	공정가치측정의 이유에 대한 공시, 자산	ifrs-full: DescriptionOfReasonsForFairValueMeasurementAssets	

계층은 XBRL 편집기 기능과 작성된 구조에 따른 표 구분 정보(FD0)와 [개요](FD1)에서 표 전체에 대한 내용이 기재된다. [표](FD2)에는 하나 이상의 [쪽](FD3)가 있어야 하며, [표]+[쪽]은 연이어 매핑이 된다. 쪽은 기본으로는 표에서 열을 구성하는 내용이다. 표에서 행을 구성하는 정보는 [항목](FD2)으로 매핑된다. 이 쪽에서 FD0~FD7은 저자가 계층을 보다 직관적으로 이해할 수 있도록 사용한 구분이다.

위의 표에서 FD3 측정 [쪽] 이 매핑되었고, 상위레벨 FD4 측정 전체 1개, 이에 종속되는 하위레벨인 FD5에 정부금액과 공정가치 2개의 열 구성으로 매핑된 것을 알 수 있다. FD2 자산의 공정가치측정에 측정에 대한 공시 [항목]으로는 레벨이 동일한 6개의 라인아이템이 매핑된 것을 알 수 있다.

XBRL 편집기에서는 '주석항목 리스트에서 가져오기' 실행

주석항목 리스트에서 [D823005] 주석 – 공정가치측정 –별도' 선택 후 확인

주석항목 리스트

검색

[D822485] 주석 - 기타채권
[D822495] 주석 - 하 기타채권
[D822801] 주석 - 공정가치 - 별
　[표] 자산의 공정가치측정에 대한 공시 [문장여]
　　[표] 자산의 공정가치측정에 대한 공시 [표]
　　[보조] 자산의 공정가치측정에 대한 공시 [문장여]
　자산의 공정가치측정에 대한 공시 [문장여]
　부채의 공정가치측정에 대한 공시 [문장여]
　자본의 공정가치측정에 대한 공시 [문장여]
　자산의 공정가치측정에 사용될 관측가능하지 않은 투입변수에 대한 공시 [문장여]
　부채의 공정가치측정에 사용될 관측가능하지 않은 투입변수에 대한 공시 [문장여]
　자본의 공정가치측정에 사용될 관측가능하지 않은 투입변수에 대한 공시 [문장여]
　관측할 수 없는 투입변수의 변동으로 인한 공정가치측정의 민감도분석에 대한 공시, 자산 [문장여]
　관측할 수 없는 투입변수의 변동으로 인한 공정가치측정의 민감도분석에 대한 공시, 부 채 [문장여]
　관측할 수 없는 투입변수의 변동으로 인한 공정가치측정의 민감도분석에 대한 공시, 자기자본상품 [문장여]
　관련자금가능한 및 3차의 공정가치를 조정하여 맞변하고 공정하는 측정하는 부채의 대한 공시 [문장여]

[D823185] 주석 - 산차손
[D824185] 주석 - 동일여
[D824505] 주석 - 규모이여계
[D825105] 주석 - 유속손산
[D825485] 주석 - 별지채쟁
[D825705] 주석 - 타 기업에 대한 지분
[D825905] 주석 - 관계기업및공동기업에
[D826385] 주석 - 자고자산
[D827575] 주석 - 기타투자
주석 - 자본관리 방침에 대해 설명하고 자본으로 관리하는 자 - 별

확인　　취소

주석 이름 변경에서 한글명과 영어명을 변경

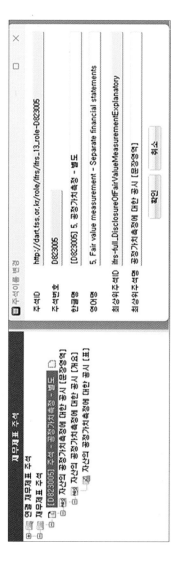

단위 설정에서 주석 내용에 맞게 백만원으로 변경

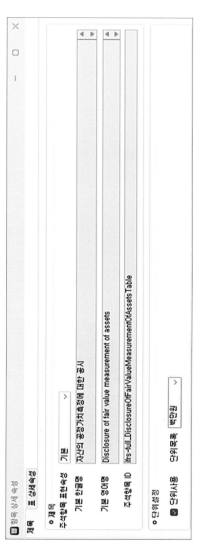

표에 포함된 축 중 주석 작성에 사용하지 않을 축을 선택 후 '선택된 노드 삭제' 실행

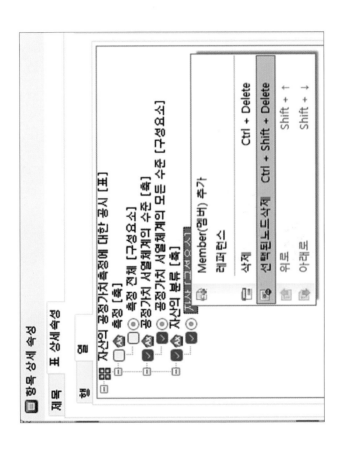

축정 [축] 아래로 'Member[멤버] 추가' 실행

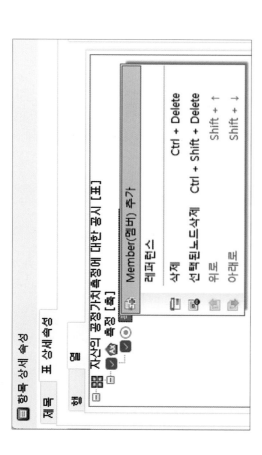

'본문/주석 항목 추가' 창에서 '주석 항목 검색' 실행 '본문/주석 항목 추가' 창에서 '주석 항목 검색' 실행

단숨에 배우는 XBRL

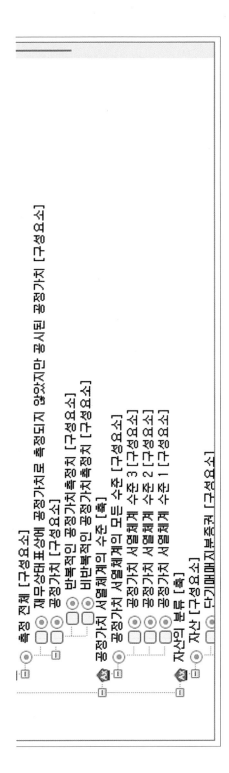

'주석항목 검색' 창에서 검색구분에 맞는 검색어 '장부금액' 입력 후 Enter 키 실행〉검색 결과에서 해당항목 선택 후 확인

두 번째 멤버 '공정가치'로 통일하게 수행두 번째 멤버 '공정가치'로 통일하게 수행두 번째 멤버 '공정가치'로 통일하게 수행

한글레이블	영문레이블	항목타입	기간	차년변	표현속성
공정가치 [구성요소]	At fair value [member]	구성요소	기준	-	기본
공정가치모형 [구성요소]	Fair value model [member]	구성요소	기종	-	기본

주석항목 검색

필터: Member(멤버) > 전체 >

검색구분: 한글레이블 > 공정가치 >

레퍼런스

축정 [축]에는 2개의 구성요소가 추가됨

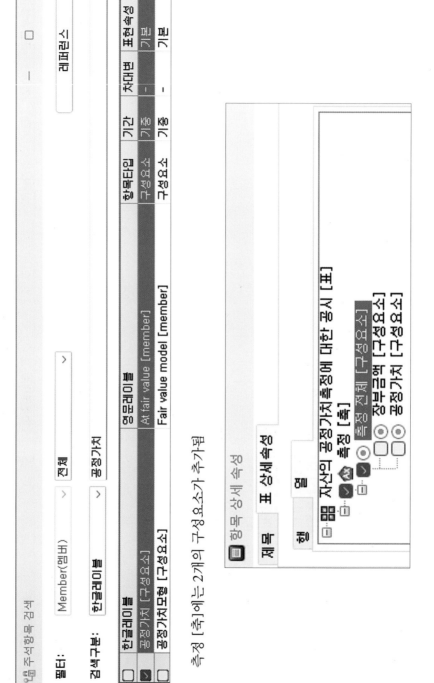

측정 [축] 속성 탭에서 '합계열 사용'에 '아니오'를 선택. (합계열이 표기되지 않게 됨)

'행' 탭에서 모든 하위 아이템 선택 후 '선택된 노드 삭제' 실행

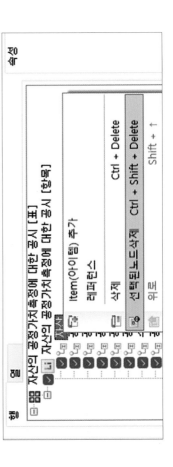

'자산의 공정가치 측정에 대한 공시' [항목]에는 아이템이 없어짐

'자산의 공정가치 측정에 대한 공시' [항목]에서 'Item(아이템) 추가' 실행'

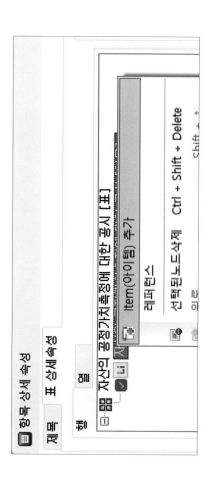

'본문/주석 항목 추가' 장에서 '주석 항목 검색' 실행

본문/주석항목 추가

자산의 공정가치측정에 대한 공시 [표]
자산의 공정가치측정에 대한 공시 [항목]

[주석항목 검색]

'주석 항목 검색' 장에서 검색어에 맞는 검색 후 '현금 및 현금성자산' 입력 후 Enter 키 실행> 검색 결과에서 해당항목 선택 후 확인

주석항목 검색

필터: Items(항목) | 비금융

검색구분: 한글레이블 | 현금및현금성자산

한글레이블	영문레이블	항목타입	기간	차대변	표현속성	레퍼런스
현금및현금성자산	Cash and cash equivalents	금액	기말	차변	기본	
	Cash and cash equivalents at beginning of	금액	기말	차변	기본	

두 번째 아이템 '공정가치 측정 금융자산'도 동일하게 수행. 한글명, 영문명, 영어 레이블 3가지 중 적정한 검색구분으로 검색하여 정확한 항목 추가

세 번째 아이템 '파생상품 금융자산'도 동일하게 수행.

네번째 아이템 '매출채권 및 기타채권'도 동일하게 수행. 금액이 입력되어야 하므로 항목 타입이 금액인 것을 선택하여야 함.

검색구분: 주석항목명 ∨ | tradeandotherrec

한글레이블	영문레이블	항목타입	기간	차대변	표현속성	주석항목명
매출채권 및 기타채권 합계	Total trade and other receivables	금액	기말	차변	합계(Total)	TradeAndOtherReceivables
매출채권 및 기타채권 [개요]	Trade and other receivables [abstract]	문자열	기중	-	기본	TradeAndOtherReceivablesAbstract
특수관계자 채권	Receivables due from related parties	금액	기말	차변	기본	TradeAndOtherReceivablesDueFrom

다섯 번째 아이템 '금융자산'도 통일하게 수행.

주석항목 검색

필터: Items(항목) ∨ | 비금융 ∨

검색구분: 한글레이블 ∨ | 금융자산 ∨

레퍼런스

한글레이블	영문레이블	항목타입	기간	차대변	표현속성
금융자산	Financial assets	금액	기말	차변	기본

다섯 번째 아이템 '공정가치 측정의 이유에 대한 공시, 자산'도 통일하게 수행. 문자열이 입력될 것이므로 문자열인 항목 선택

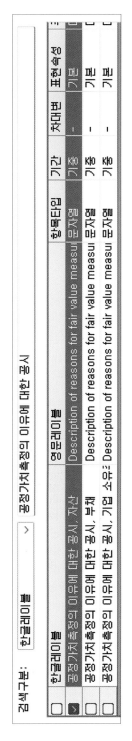

검색구분: 한글레이블 ∨ | 공정가치 측정의 이유에 대한 공시

한글레이블	영문레이블	항목타입	기간	차대변	표현속성
공정가치 측정의 이유에 대한 공시, 자산	Description of reasons for fair value measu…	문자열	기중	-	기본
공정가치 측정의 이유에 대한 공시, 부채	Description of reasons for fair value measu…	문자열	기중	-	기본
공정가치 측정의 이유에 대한 공시, 기업 소유	Description of reasons for fair value measu…	문자열	기중	-	기본

'자산의 공정가치 측정에 대한 공시' [항목]'에는 6개의 아이템이 추가됨

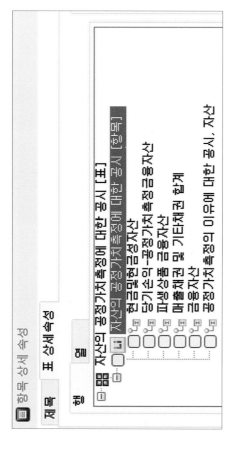

주석 작성을 위한 표가 아래와 같이 완성됨. 당기와 전기를 구분하여 정확한 내용 입력

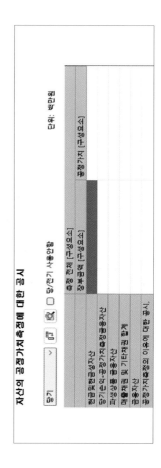

XBRL 편집기를 통한 입력해 결과는 아래와 같이 공시되어 있다.

당기

(단위: 백만원)

	장부금액	공정가치
현금 및 현금성자산	421,254	
당기손익-공정가치측정금융자산	104,643	104,643
파생상품자산	5,715	5,715
매출채권 및 기타채권	3,077	
총 금융자산	534,689	
공정가치측정의 이유에 대한 공시, 자산	현금 및 현금성자산, 매출채권 및 기타채권 장부금액이 공정가치의 합리적인 근사치이므로 공정가치 공시대상에서 제외하였습니다.	

전기

(단위: 백만원)

	장부금액	공정가치
현금 및 현금성자산	131,094	
당기손익-공정가치측정금융자산	78,882	78,882
파생상품자산	9,291	9,291
매출채권 및 기타채권	2,930	
총 금융자산	222,197	
공정가치측정의 이유에 대한 공시, 자산	현금 및 현금성자산, 매출채권 및 기타채권 장부금액이 공정가치의 합리적인 근사치이므로 공정가치 공시대상에서 제외하였습니다.	

부채의 공정가치측정에 대한 표로는 아래와 같이 매핑이 되어 있다.

계층	한글명	ID명	설명
FD0	[D823005b] 주석 – 공정가치측정 – 연결 I Notes – Fair value measurement – Consolidated financial statements	[D823005b] 주석 – 공정가치측정 – 연결 I Notes – Fair value measurement – Consolidated financial statements	
FD1	부채의 공정가치측정에 대한 공시 [개요]	ifrs-full: DisclosureOfFairValueMeasurementOfLiabilitiesAbstract	
FD2	부채의 공정가치측정에 대한 공시 [표]	ifrs-full: DisclosureOfFairValueMeasurementOfLiabilitiesTable	
FD3	측정 [축]	ifrs-full: MeasurementAxis	
FD4	측정 전체 [구성요소]	ifrs-full: AggregatedMeasurementMember	
FD5	장부금액 [구성요소]	ifrs-full: CarryingAmountMember	
FD5	공정가치 [구성요소]	ifrs-full: AtFairValueMember	
FD2	부채의 공정가치측정에 대한 공시 [항목]	ifrs-full: DisclosureOfFairValueMeasurementOfLiabilitiesLineItems	
FD3	매입채무 및 기타 채무	ifrs-full: TradeAndOtherPayables	
FD3	차입금	ifrs-full: Borrowings	
FD3	금융부채	ifrs-full: FinancialLiabilities	
FD3	공정가치측정의 이유에 대한 공시, 부채	ifrs-full: DescriptionOfReasonsForFairValueMeasurementLiabilities	

XBRL 편집기를 통해 작성되어, 최종 공시된 XBRL 주석은 아래와 같다.

당기

(단위: 백만원)

	장부금액	공정가치
매입채무 및 기타 채무	54,264	38,509
차입금	604,374	600,292
총 금융부채	658,638	

공정가치측정의 이유에 대한 공시, 부채 │ 장부금액이 공정가치의 합리적인 근사치인 금융부채와 리스부채 15,182백만원은 공정가치 공시에서 제외하였습니다.

전기

(단위: 백만원)

	장부금액	공정가치
매입채무 및 기타 채무	51,742	35,368
차입금	927,969	901,845
총 금융부채	979,711	

공정가치측정의 이유에 대한 공시, 부채 │ 장부금액이 공정가치의 합리적인 근사치인 금융부채와 리스부채 전기 말: 15,273백만 원은 공정가치 공시에서 제외하였습니다.

공정가치 서열 체계에 대한 표는 아래와 같이 매핑이 되어 있다.

계층	한글명	ID명	설명
FD0	[D823005c] 주석 – 공정가치측정 – 연결 | Notes – Fair value measurement – Consolidated financial statements	[D823005c] 주석 – 공정가치측정 – 연결 | Notes – Fair value measurement – Consolidated financial statements	
FD1	공정가치 서열 체계 [개요]	entity00500254: Title20231113144210618Abstract	확장
FD2	공정가치 서열체계	entity00500254: DisclosureOfLevelsOfFairValueHierarchyOfFinancialAssetsAndFinancialLiabilitiesTableTa	확장
FD3	공정가치 서열체계의 수준 [축]	ifrs–full : LevelsOfFairValueHierarchyAxis	
FD4	공정가치 서열체계의 모든 수준 [구성요소]	ifrs–full: AllLevelsOfFairValueHierarchyMember	
FD5	공정가치 서열체계 수준 1 [구성요소]	ifrs–full: Level1OfFairValueHierarchyMember	
FD5	공정가치 서열체계 수준 2 [구성요소]	ifrs–full: Level2OfFairValueHierarchyMember	
FD5	공정가치 서열체계 수준 3 [구성요소]	ifrs–full: Level3OfFairValueHierarchyMember	
FD2	공정가치 서열체계 [항목]	entity00500254: Title20231113144210781LineItems	확장
FD3	당기손익인식금융자산	ifrs–full: FinancialAssetsAtFairValueThroughProfitOrLoss	
FD3	파생상품 금융자산	ifrs–full: DerivativeFinancialAssets	
FD3	금융자산, 공정가치	ifrs–full: FinancialAssetsAtFairValue	

XBRL 편집기를 통해 작성되어, 최종 공시된 XBRL 주석은 아래 같다.

당기

(단위: 백만원)

	공정가치 서열체계 수준 1	공정가치 서열체계 수준 2	공정가치 서열체계 수준 3	공정가치 서열체계의 모든 수준 합계
당기손익 인식 금융자산	0	0	104,643	104,643
파생상품자산	0	5,715	0	5,715
금융자산, 공정가치	0	5,715	104,643	110,358

전기

(단위: 백만원)

	공정가치 서열체계 수준 1	공정가치 서열체계 수준 2	공정가치 서열체계 수준 3	공정가치 서열체계의 모든 수준 합계
당기손익 인식 금융자산	0	0	78,882	78,882
파생상품자산	0	9,291	0	9,291
금융자산, 공정가치	0	9,291	78,882	88,173

공정가치 평가기법과 투입변수에 대한 표는 아래와 같이 매핑이 되어 있다.

계층	한글명	ID명	설명
FD0	[D823005d] 주석 – 공정가치측정 – 연결	Notes – Fair value measurement – Consolidated financial statements	[D823005d] 주석 – 공정가치측정 – 연결	Notes – Fair value measurement – Consolidated financial statements	
FD1	공정가치 서열체계로 분류되는 금융자산과 금융부채 [개요]	entity00500254:Title 20231113203804 27Abstract	확장
FD2	공정가치 서열체계로 분류되는 금융자산과 금융부채	entity00500254: DisclosureOfLevelsOfFairValueHierarchyOfFinancialAssetsAndFinancialLiabilitiesTable	확장
FD3	공정가치 서열체계의 수준 [축]	ifrs-full: LevelsOfFairValueHierarchyAxis	
FD4	공정가치 서열체계의 모든 수준 [구성요소]	ifrs-full: AllLevelsOfFairValueHierarchyMember	
FD5	공정가치 서열체계 수준 3 [구성요소]	ifrs-full: Level3OfFairValueHierarchyMember	
FD3	금융상품의 종류 [축]	ifrs-full: ClassesOfFinancialInstrumentsAxis	
FD4	금융상품 [구성요소]	ifrs-full: ClassesOfFinancialInstrumentsMember	
FD5	당기손익인식금융자산 [구성요소]	ifrs-full: FinancialAssetsAtFairValueThroughProfitOrLossCategoryMember	
FD2	공정가치 서열체계로 분류되는 금융자산과 금융부채 [항목]	entity00500254:Title 20231113203805 97LineItems	확장
FD3	금융자산, 공정가치	ifrs-full: FinancialAssetsAtFairValue	
FD3	공정가치측정에 사용된 평가기법에 대한 기술, 자산	ifrs-full: DescriptionOfValuationTechniquesUsedInFairValueMeasurementAssets	
FD3	공정가치측정에 사용된 평가기법에 대한 기술, 자산	ifrs-full: DescriptionOfInputsUsedInFairValueMeasurementAssets	

XBRL 편집기를 통해 작성(행렬 바꾸기 포함)되어, 최종 공시된 XBRL 주석은 아래와 같다.

당기

(단위: 백만원)

공정가치 서열체계의 모든 수준	공정가치 서열체계 수준 3			금융자산, 공정가치	공정가치측정에 사용된 평가기법에 대한 기술, 자산	공정가치측정에 사용된 투입변수에 대한 기술, 자산
		금융상품	당기손익 인식 금융자산	104,643	순자산가치법	-

전기

(단위: 백만원)

공정가치 서열체계의 모든 수준	공정가치 서열체계 수준 3			금융자산, 공정가치	공정가치측정에 사용된 평가기법에 대한 기술, 자산	공정가치측정에 사용된 투입변수에 대한 기술, 자산
		금융상품	당기손익 인식 금융자산	78,882	순자산가치법	-

공시사례 2. 매입채무 및 기타채무

사례2의 '23년 별도 감사보고서의 매입채무 및 기타채무 주석은 아래와 같다.

21. 매입채무 및 기타채무와 기타 유동부채

- 당기말과 전기 말 현재 매입채무 및 기타채무의 상세 내역은 다음과 같습니다.

(단위: 백만원)

구분	당기		전기	
	유동	비유동	유동	비유동
매입채무	40,815	–	14,882	–
미지급금(*)	27,501	–	160,078	–
파생상품자산	5,715	5,715	9,291	9,291
보증예수금	–	7,097	–	6,387
합 계	85,026	8,129	186,936	6,387

(*) 당사는 2018년 현대상호증권(주)와의 분할합병 시 기존 현대삼호중공업(주)의 전환우선주식에 대하여 매수청구권을 보유한 재무적 투자자에게 배정하였던 보통주 1,260,558주에 대해서 매수청구권을 부여하였습니다. 당사는 매수청구권이 부여된 신주에 대해 현금 등 금융자산의 인도를 회피할 수 있는 무조건적인 권리가 없다고 판단하여 상환금액의 현재가치를 부채로 계상하였으며, 당기 중 전액 상환하였습니다(주석 40참조).

- 당기 말과 전기 말 현재 기타부채의 상세 내역은 다음과 같습니다.

(단위 : 백만원)

구분	당기		전기	
	유동	비유동	유동	비유동
선수수익(*)	32	-	79	-

(*) 당기 말 현재 국제과제와 관련하여 수취한 출연금 32백만원을 선수수익으로 계상하고 있습니다.

사례2의 '23년 사업보고서상의 매입채무와 기타채무 XBRL 주석은 문장영역과 각각의 표로 매핑 내역이 구분된다. 문장영역은 아래와 같이 매핑이 되어 있다.

계층	한글명	ID명	설명
FD0	[D822465] 21. 매입채무 및 기타채무와 기타 유동부채	21. Trade and Other Payables and Other Current Liabilities	[D822465] 21. 매입채무 및 기타채무와 기타 유동부채 21. Trade and Other Payables and Other Current Liabilities	주석 제목
FD1	매입채무 및 기타채무에 대한 공시 [문장영역]	ifrs-full: DisclosureOfTradeAndOtherPayablesExplanatory	[D822465a] 문장영역
FD2	미지급금에 대한 추가 정보	entity00164830: AdditionalInformationOnMergersAndAcquisitions	미지급금에 대한 추가 정보 기술
FD2	기타 부채에 대한 공시 [문장영역]	entity00164830: DisclosureOfOtherLiabilitiesTextBlock	[D822465b] 문장영역
FD2	재무제표에 인식한 정부보조금의 성격과 정도에 대한 기술	entity00164830: DescriptionOfNatureAndExtentOfGovernmentGrants RecognisedInFinancialStatements	정부보조금에 대한 기술

매입채무 및 기타 채무에 대한 표로는 아래와 같이 매핑이 되어 있다.

계층	한글명	ID명	설명
FD0	[D822465a] 23. 매입채무 및 기타채무 | 23. Trade and Other Payables	[D822465a] 23. 매입채무 및 기타채무 | 23. Trade and Other Payables	
FD1	매입채무 및 기타 채무 [개요]	ifrs-full: TradeAndOtherPayablesAbstract	
FD2	매입채무 및 기타채무 [표]	dart: DisclosureOfTradeAndOtherPayablesTable	
FD3	장부금액, 감가상각 누계액, 상각 누계액 및 손상차손 누계액 및 총장부금액 [축]	ifrs-full: CarryingAmountAccumulatedDepreciationAmortisationAndImpairmentAndGrossCarryingAmountAxis	
FD4	장부금액 [구성요소]	ifrs-full: CarryingAmountMember	
FD5	공시금액 [구성요소]	dart: ReportedAmountMember	
FD2	매입채무 및 기타채무 [항목]	dart: DisclosureOfTradeAndOtherPayablesLineItems	
FD3	유동매입채무	ifrs-full: TradeAndOtherCurrentPayablesToTradeSuppliers	
FD3	기타 유동 미지급금	ifrs-full: OtherCurrentPayables	
FD3	유동으로 분류되는 미지급비용	ifrs-full: AccrualsClassifiedAsCurrent	
FD3	유동보증 예수금	entity00164830: CurrentDepositsReceivedOfTradeAndOtherPayablesLineItemsOfDisclosureOfTradeAndOtherPay	확장
FD3	매입채무 및 기타 유동채무	ifrs-full: TradeAndOtherCurrentPayables	
FD3	비유동 매입채무	ifrs-full: NoncurrentPayablesToTradeSuppliers	
FD3	기타 비유동 미지급금	ifrs-full: OtherNoncurrentPayables	
FD3	비유동으로 분류되는 미지급비용	ifrs-full: AccrualsClassifiedAsNoncurrent	
FD3	비유동 보증 예수금	entity00164830: NonCurrentDepositsReceivedOfTradeAndOtherPayablesLineItemsOfDisclosureOfTradeAndOther	확장
FD3	매입채무 및 기타 비유동 채무	ifrs-full: NoncurrentPayables	

XBRL 편집기를 통해 작성되어, 최종 공시된 XBRL 주석은 아래와 같다.

매입채무 및 기타채무와 기타 유동부채

당기

(단위: 백만원)

	공시금액
유동매입채무	40,815
유동 미지급금	27,501
유동 미지급비용	16,710
유동 보증 예수금	0
매입채무 및 기타 유동채무 합계	85,026
비유동 매입채무	0
비유동 미지급금	0
비유동 미지급비용	1,032
비유동 보증 예수금	7,097
매입채무 및 기타 비유동 채무 합계	8,129

전기

(단위: 백만원)

	공시금액
유동매입채무	14,882
유동 미지급금	160,078
유동 미지급비용	11,976
유동 보증 예수금	0
매입채무 및 기타 유동채무 합계	186,936
비유동 매입 채무	0
비유동 미지급금	0
비유동 미지급비용	1,032
비유동 보증 예수금	6,387
매입채무 및 기타 비유동 채무 합계	6,387

기타 부채에 대한 표시는 아래와 같이 매핑이 되어 있다.

계층	한글명	ID명	설명
FD0	[D822465b] 21. 매입채무 및 기타채무와 기타 유동부채 | 21. Trade and Other Payables and Other Current Liabilities	[D822465b] 21. 매입채무 및 기타채무와 기타 유동부채 | 21. Trade and Other Payables and Other Current Liabilities	
FD1	기타 부채에 대한 공시 [개요]	entity00164830:Title202422750058960Abstract	확장
FD2	기타 부채에 대한 공시	entity00164830:DisclosureOfOtherLiabilitiesTable	확장
FD3	장부금액, 감가상각 누계액, 상각 누계액 및 손상차손 누계액 및 총장부금액 [축]	ifrs-full: CarryingAmountAccumulatedDepreciationAmortisationAndImpairmentAndGrossCarryingAmountAxis	
FD4	장부금액 [구성요소]	ifrs-full: CarryingAmountMember	
FD5	공시금액 [구성요소]	dart: ReportedAmountMember	
FD2	기타부채에 대한 공시 [항목]	entity00164830: Title202422750059238LineItems	확장
FD3	유동 선수수익	entity00164830: CurrentIncomeReceivedInAdvanceOfDisclosureOfOtherLiabilitiesLineItemsOfDisclosureOfOt	확장
FD3	비유동 선수수익	entity00164830: NonCurrentIncomeReceivedInAdvanceOfDisclosureOfOtherLiabilitiesLineItemsOfDisclosureO	

XBRL 편집기를 통해 작성되어, 최종 공시된 XBRL 주석은 아래와 같다.

미지급금에 대한 추가 정보

당기   (단위: 백만원)

	공시금액
유동 선수수익	32
비유동 선수수익	0

전기   (단위: 백만원)

	공시금액
유동 선수수익	79
비유동 선수수익	0

공시사례 3. 무형자산

사례3의 '23년 별도 감사보고서의 무형자산 주석은 아래와 같다.

10. 무형자산

- 당기말과 전기 말 현재 무형자산의 장부가액 구성내역은 다음과 같습니다.

(단위: 백만원)

구분	2023.12.31			2022.12.31		
	산업재산권	회원권	기타의 무형자산	산업재산권	회원권	기타의 무형자산
취득금액	25,277	10,285	17,388	23,497	7,132	10,317
상각 누계액	(17,270)	–	(5,573)	(15,753)	–	(5,852)
손상차손 누계액	–	(337)	–	–	(337)	–
장부가액	8,007	9,948	11,815	7,744	6,795	4,465

- 당기와 전기 중 무형자산의 취득 및 상각액의 변동내역은 다음과 같습니다.

구분	2023.12.31				2022.12.31			
	산업재산권	회원권	기타의 무형자산	합계	산업재산권	회원권	기타의 무형자산	합계
기초금액	7,744	6,795	4,465	19,004	7,161	10,025	2,702	19,888
외부취득액	–	4,175	8,557	12,732	–	458	2,618	3,076
처분액	–	(1,022)	–	(1,022)	–	(4,017)	(56)	(4,073)
타 계정 대체입	1,780	–	–	1,780	2,030	–	–	2,030
순상각손 환입	–	–	–	–	–	329	–	329
무형자산 상각비	(1,517)	–	(1,207)	(2,724)	(1,447)	–	(799)	(2,246)
기말금액	8,007	9,948	11,815	29,770	7,744	6,795	4,465	19,004

사례3의 '23년 사업보고서 상의 무형자산 XBRL 주석은 문장영역과 각각의 표로 매핑 내역이 구분된다.

문장영역은 아래와 같이 매핑이 되어 있다.

계층	한글명	ID명	설명
FD0	[D823185] 10. 무형자산 l 10. INTANGIBLE ASSETS	[D823185] 10. 무형자산 l 10. INTANGIBLE ASSETS	주석 제목
FD1	무형자산에 대한 공시 [문장영역]	ifrs-full: DisclosureOfIntangibleAssetsExplanatory	[D823185a] 문장영역
FD2	무형자산에 대한 세부 정보 공시	ifrs-full: DisclosureOfDetailedInformationAboutIntangibleAssetsExplanatory	(1) 당기말과 전기 말 현재 무형자산의 장부가액 구성내역은 다음과 같습니다.
FD2	무형자산 및 영업권의 변동내역에 대한 공시	ifrs-full: DisclosureOfReconciliationOfChangesInIntangibleAssetsAndGoodwillExplanatory	[D823185b] 문장영역
FD3	별도 12. (2) 설명	entity00120021: Separate122Explanation	'별도 12. (2) 설명'으로만 입력되어 있으나 정확한 내용 확인이 안 됨.

무형자산에 대한 표는 아래와 같이 매핑이 되어 있다.

계층	한글명	ID명	설명
FD0	[D823185a] 주석 - 무형자산 - 연결 | Notes - Intangible assets - Consolidated financial statements	[D823185a] 주석 - 무형자산 - 연결 | Notes - Intangible assets - Consolidated financial statements	
FD1	무형자산에 대한 세부 정보 공시 [개요]	ifrs-full: DisclosureOfIntangibleAssetsAbstract	
FD2	(1) 당기말과 전기말 현재 무형자산의 구성내역은 다음과 같습니다.	ifrs-full: DisclosureOfIntangibleAssetsTable	
FD3	장부금액, 감가상각 누계액, 상각 누계액 및 손상차손 누계액 및 총장부금액 [축]	ifrs-full: CarryingAmountAccumulatedDepreciationAmortisationAndImpairmentAndGrossCarryingAmountAxis	
FD4	장부금액 [구성요소]	ifrs-full: CarryingAmountMember	
FD5	총장부금액 [구성요소]	ifrs-full: GrossCarryingAmountMember	
FD5	감가상각 누계액 및 상각 누계액 [구성요소]	ifrs-full: AccumulatedDepreciationAndAmortisationMember	
FD5	손상차손 누계액 [구성요소]	ifrs-full: AccumulatedImpairmentMember	
FD3	무형자산 및 영업권의 분류 [축]	ifrs-full: ClassesOfIntangibleAssetsAndGoodwillAxis	
FD4	무형자산 및 영업권 [구성요소]	ifrs-full: IntangibleAssetsAndGoodwillMember	
FD5	저작권, 특허권, 기타 산업재산권, 용역운영권 [구성요소]	ifrs-full: CopyrightsPatentsAndOtherIndustrialPropertyRightsServiceAndOperatingRightsMember	
FD5	회원권	entity00120021: MembershipsOfIntangibleAssetsAndGoodwillMemberOfDisclosureOfIntangibleAssetsTableOfMember	확장
FD5	기타무형자산 [구성요소]	ifrs-full: OtherIntangibleAssetsMember	
FD2	무형자산에 대한 세부 정보 공시 [항목]	ifrs-full: DisclosureOfIntangibleAssetsLineItems	
FD3	무형자산 및 영업권	ifrs-full: IntangibleAssetsAndGoodwill	

XBRL 편집기를 통해 작성되어, 최종 공시된 XBRL 주석은 아래와 같다.

- 당기 말과 전기 말 현재 무형자산의 장부가액 구성내역은 다음과 같습니다.

당기

(단위: 백만원)

분류	분류	취득원가				
		무형자산 및 영업권		기타무형자산	무형자산 및 영업권 합계	산업재산권
		산업재산권	회원권			
무형자산		25,277	10,285	17,388	52,950	(17,270)

전기

(단위: 백만원)

분류	분류	취득원가				
		무형자산 및 영업권		기타무형자산	무형자산 및 영업권 합계	산업재산권
		산업재산권	회원권			
무형자산		23,497	7,132	10,317	40,946	(15,753)

무형자산 및 영업권의 변동내역에 대한 매핑 표는 아래와 같이 매핑이 되어 있다.

계층	한글명	ID명	설명
FD0	[D823185b] 주석 – 무형자산 – 연결 | Notes – Intangible assets – Consolidated financial statements	[D823185b] 주석 – 무형자산 – 연결 | Notes – Intangible assets – Consolidated financial statements	
FD1	무형자산 및 영업권의 변동내역에 대한 공시 [개요]	ifrs–full: DisclosureOfReconciliationOfChangesInIntangibleAssetsAndGoodwillAbstract	
FD2	(2) 당기와 전기 중 무형자산 장부가액의 변동내역은 다음과 같습니다.	ifrs–full: DisclosureOfReconciliationOfChangesInIntangibleAssetsAndGoodwillTable	
FD3	무형자산 및 영업권의 분류 [축]	ifrs–full: ClassesOfIntangibleAssetsAndGoodwillAxis	
FD4	무형자산 및 영업권 [구성요소]	ifrs–full: IntangibleAssetsAndGoodwillMember	
FD5	저작권, 특허권, 기타 산업재산권, 용역운 권 [구성요소]	ifrs–full: CopyrightsPatentsAndOtherIndustrialPropertyRightsServiceAndOperatingRightsMember	
FD5	회원권	entity00120021: MembershipsOfIntangibleAssetsAndGoodwillMemberOfDisclosureOfReconciliationOfChangesInIntangibleAssetsAndGoodwillTableOfMember	확장
FD5	기타무형자산 [구성요소]	ifrs–full: OtherIntangibleAssetsMember	
FD2	무형자산 및 영업권의 변동내역에 대한 공시 [항목]	ifrs–full: DisclosureOfReconciliationOfChangesInIntangibleAssetsAndGoodwillLineItems	
FD3	무형자산 및 영업권	ifrs–full: IntangibleAssetsAndGoodwill	
FD3	사업결합을 통한 취득 이외의 증가, 영업권 이외의 무형자산	ifrs–full: AdditionsOtherThanThroughBusinessCombinationsIntangibleAssetsOtherThanGoodwill	

FD3	처분, 무형자산 및 영업권	ifrs-full: DisposalsIntangibleAssetsAndGoodwill
FD3	대체와 기타변동에 따른 증가(감소), 무형자산 및 영업권	ifrs-full: IncreaseDecreaseThroughTransfersAndOtherChangesIntangibleAssetsAndGoodwill
FD3	무형자산 손상차손 환입	dart: ReversalOfImpairmentLossesOnIntangibleAssets
FD3	무형자산 상각비	ifrs-full: AmortisationExpense

XBRL 편집기를 통해 작성되어, 최종 공시된 XBRL 주석은 아래와 같다.

- 당기와 전기 중 무형자산의 취득 및 상각에의 변동내역은 다음과 같습니다.

당기 (단위: 백만원)

	산업재산권	회원권	기타의 무형자산	합계
기초금액	7,744	6,795	4,465	19,004
외부취득액	0	4,175	8,557	12,732
처분	0	(1,022)	0	(1,022)
타 계정 대체입	1,780	0	0	1,780
손상차손 환입	0	0	0	0
무형자산 상각비	(1,517)	0	(1,207)	(2,724)
기말금액	8,007	9,948	11,815	29,770

전기 (단위: 백만원)

	산업재산권	회원권	기타의 무형자산	합계
기초금액	7,161	10,025	2,702	19,888
외부취득액	0	458	2,618	3,076
처분	0	(4,017)	(56)	(4,073)
타 계정 대체입	2,030	0	0	2,030
손상차손 환입	0	329	0	329
무형자산 상각비	(1,447)	0	(799)	(2,246)
기말금액	7,744	6,795	4,465	19,004

공시사례 4. 투자부동산

사례4의 '23년도 별도 감사보고서의 투자부동산 주석은 아래와 같다.

14. 투자부동산

- 당기말과 전기 말 현재 투자부동산의 장부금액은 다음과 같습니다.

(단위: 백만원)

과목	당기 말			전기 말		
	취득가액	감가상각 누계액	장부금액	취득가액	감가상각 누계액	장부금액
토지	19,625	–	19,625	19,625	–	19,625
건물	8,068	(2,782)	5,286	8,068	(2,578)	5,490
구축물	1,586	(1,158)	428	1,586	(1,097)	489
합 계	29,279	(3,940)	25,339	29,279	(3,675)	25,604

- 당기와 전기 중 투자부동산의 증감 내역은 다음과 같습니다.

당기 (단위: 백만원)

과 목	기초	감가상각비	기말장부금액
토지	19,625	-	19,625
건물	5,490	(204)	5,286
구축물	489	(61)	428
합 계	25,604	(265)	25,339

전기 (단위: 백만원)

과 목	기초	대체	감가상각비	기말장부금액
토지	19,625	-	-	19,625
건물	5,693	-	(203)	5,490
구축물	382	160	(53)	489
합 계	25,700	160	(256)	25,604

- 당기와 전기 중 투자부동산과 관련 순손익으로 인식한 내역은 다음과 같습니다.

(단위: 백만원)

구 분	당기	전기
임대수익	968	1,023
운영비용	(346)	(625)
합 계	622	398

- 당기 말 현재 투자부동산의 공정가치는 40,886백만 원이며, 공정가치는 시장접근법 등을 이용하여 측정한 가치에 따라 결정되었습니다.

- 당기와 전기 중 투자부동산에 대한 운용리스계약으로 당사가 받게 될 것으로 기대되는 리스료는 다음과 같습니다.

(단위: 백만원)

구 분	당기	전기
1년 이내	992	968

사례4의 '23년 사업보고서상의 투자부동산 XBRL 주석은 문장영역과 각각의 표로 매핑 내역이 구분된다. 문장영역은 아래와 같이 셀이 매핑이 되어 있다.

계층	한글명	ID명	설명
FD0	[D825105] 14. 투자부동산 ǀ 14. Investment property	[D825105] 14. 투자부동산 ǀ 14. Investment property	주석 제목
FD1	투자부동산 공시 [문장영역]	ifrs-full: DisclosureOfInvestmentPropertyExpl anatory	투자부동산 공시 [문장영역]
FD2	투자부동산에 대한 세부 정보 공시 [문장영역]	ifrs-full: DisclosureOfDetailedInformationAbo utInvestmentPropertyExplanatory	[D825105a] 문장영역
FD2	투자부동산에서 발생한 임대수익	ifrs-full: RentalIncomeFromInvestmentProperty	967,998,000
FD2	투자부동산과 직접 관련된 운영비용	ifrs-full: DirectOperatingExpenseFromInvestme ntProperty	345,630,341
FD2	투자부동산의 공정가치	entity00115676: FairValueOfInvestmentRealEs tateTextBlock	당기 말 현재 투자부동산의 공정가치는 40,886 백만 원이며, 공정가치는 시장접근법 등을 이용 하여 측정한 가치에 따라 결정되었습니다.
FD2	투자부동산의 운용리스계약으로 기대 되는 리스료 [문장영역]	entity00115676: LeaseFeesExpectedFromOpe ratingLeaseContractsForInvestmentRealEstate TextBlock	[D825105b] 문장영역

투자부동산의 세부 정보에 대한 표는 아래와 같이 매핑이 되어 있다.

계층	한글명	ID명	설명
FD0	[D825105a] 주석 – 투자부동산 – 연결 l Notes – Investment property – Consolidated financial statements	[D825105a] 주석 – 투자부동산 – 연결 l Notes – Investment property – Consolidated financial statements	
FD1	투자부동산에 대한 세부 정보 공시 [개요]	ifrs-full: DisclosureOfInvestmentPropertyAbstract	
FD2	투자부동산에 대한 세부 정보 공시 [표]	ifrs-full: DisclosureOfInvestmentPropertyTable	
FD3	투자부동산 유형 [축]	ifrs-full: TypesOfInvestmentPropertyAxis	
FD4	투자부동산 [구성요소]	ifrs-full: InvestmentPropertyMember	
FD5	토지 [구성요소]	ifrs-full: LandMember	
FD5	건물 [구성요소]	ifrs-full: BuildingsMember	
FD5	구축물	entity00115676: StructureOfInvestmentPropertyMemberOfDisclosureOfInvestmentPropertyTableOfMember	확장
FD3	장부금액, 감가상각 누계액, 상각 누계액 및 손상차손 누계액 및 총장부금액 [축]	ifrs-full: CarryingAmountAccumulatedDepreciationAmortisationAndImpairmentAndGrossCarryingAmountAxis	
FD4	장부금액 [구성요소]	ifrs-full: CarryingAmountMember	
FD5	취득원가 [구성요소]	ifrs-full: AtCostMember	
FD5	감가상각 누계액 및 상각 누계액 [구성요소]	ifrs-full: AccumulatedDepreciationAndAmortisationMember	
FD2	투자부동산에 대한 세부 정보 공시 [항목]	ifrs-full: DisclosureOfInvestmentPropertyLineItems	

FD3	투자부동산의 변동에 대한 조정 [개요]	ifrs-full: ReconciliationOfChangesInInvestmentPropertyAbstract	
FD4	투자부동산	entity00115676: InvestmentPropertyAbstractOfReconciliationOfChangesInInvestmentPropertyAbstractOfDisclosureOf	확장
FD4	감가상각비	entity00115676: DepreciationOfReconciliationOfChangesInInvestmentPropertyAbstractOfDisclosureOfInvest	확장
FD4	투자부동산의 대체	entity00115676:SubstitutionOfInvestmentRealEstateOfReconciliationOfChangesInInvestmentPropertyAbstra	확장
FD4	기타 증(감)액	entity00115676:IncreaseDecreaseThroughOtherChangesOfReconciliationOfChangesInInvestmentPropertyAbstr	확장

XBRL 편집기를 통해 작성되어, 최종 공시된 XBRL 주석은 아래와 같다.

투자부동산에 대한 세부 정보 공시

당기

(단위: 원)

		투자부동산										
		토지			건물				구축물				투자부동산 합계
		장부금액 합계			장부금액 합계			장부금액 합계			장부금액 합계		
		취득가액	감가상각 누계액	장부금액 합계	취득가액	감가상각 누계액	장부금액 합계	취득가액	감가상각 누계액	장부금액 합계		
	기초 투자 부동산	19,625,488,724	0	19,625,488,724	8,068,056,657	(2,578,530,066)	5,489,526,591	1,585,878,731	(1,096,624,584)	489,254,147	25,604,269,462
투자 부동산의 변동에 대한 조정	감가상각비			0		(203,242,600)	(203,242,600)		(61,742,591)	(61,742,591)	(264,985,191)
	투자부동산 의 대체			0		0	0		0	0	0
	기타 증(감)액			0		0	0		0	0	0
	기말 투자 부동산	19,625,488,724	0	19,625,488,724	8,068,056,657	(2,781,772,666)	5,286,283,991	1,585,878,731	(1,158,367,175)	427,511,556	25,339,284,271

(단위: 원)

	투자부동산									투자부동산 합계
	토지			건물			구축물			
	장부금액			장부금액			장부금액			
	취득가액	감가상각 누계액	장부금액 합계	취득가액	감가상각 누계액	장부금액 합계	취득가액	감가상각 누계액	장부금액 합계	
기초 투자 부동산	19,625,488,724		19,625,488,724	8,068,056,657	(2,375,287,467)	5,692,769,190	1,029,638,925	(648,109,840)	381,529,085	25,699,786,999
투자 부동산의 변동에 대한 조정 / 감가상각비			0		(203,242,599)	(203,242,599)		(52,604,629)	(52,604,629)	(255,847,228)
투자부동산의 대체			0			0	160,329,691		160,329,691	160,329,691
기타 증(감)액			0			0	395,910,115	(395,910,115)	0	0
기말 투자 부동산	19,625,488,724	0	19,625,488,724	8,068,056,657	(2,578,530,066)	5,489,526,591	1,585,878,731	(1,096,624,584)	489,254,147	25,604,269,462

투자부동산의 운용리스계약으로 기대되는 리스료에 대한 표는 아래와 같이 매핑이 되어 있다.

계층	한글명	ID명	설명
FD0	[D825105b] [D825105] 15. 투자부동산 – 연결 | Notes – Investment property – Consolidated financial statements	[D825105b] [D825105] 15. 투자부동산 – 연결 | Notes – Investment property – Consolidated financial statements	
FD1	투자부동산의 운용리스계약으로 기대되는 리스료 [개요]	entity00115676: Title2024229144746645Abstract	확장
FD2	투자부동산의 운용리스계약으로 기대되는 리스료	entity00115676: LeaseFeesExpectedFromOperatingLeaseContractsForInvestmentRealEstateTable	확장
FD3	만기 [축]	ifrs–full: MaturityAxis	
FD4	합계 구간 [구성요소]	ifrs–full: AggregatedTimeBandsMember	
FD5	1년 이내 [구성요소]	ifrs–full: NotLaterThanOneYearMember	
FD2	투자부동산의 운용리스계약으로 기대되는 리스료	entity00115676: Title2024229144746388LineItems	확장
FD3	리스료	dart: LeaseExpenses	

XBRL 편집기를 통해 작성되어, 최종 공시된 XBRL 주석은 아래와 같다.

투자부동산의 운용리스계약으로 기대되는 리스료

당기

(단위: 원)

합계 구간	1년 이내	리스료
		992,426,880

전기

(단위: 원)

합계 구간	1년 이내	리스료
		967,998,000

공시사례 5. 재고자산

사례5의 '23년 별도 감사보고서의 재고자산 주석은 아래와 같다.

9. 재고자산

보고기간 종료일 현재 재고자산의 내역은 다음과 같으며, 재무상태표에는 평가손실충당금이 차감된 순액으로 표시되어 있습니다.

(단위: 천원)

과목	당기 말				전기 말		
	취득원가	평가손실충당금	장부금액	취득원가	평가손실충당금	장부금액
제품 및 상품	99,885,053	(2,277,630)	97,607,423	90,710,564	(2,531,426)	88,179,138
반제품 및 재공품	10,799,457	-	10,799,457	10,347,373	(80,519)	10,266,854
원재료 및 부재료	56,320,235	(318,019)	56,002,216	39,845,995	(282,063)	39,563,932
미착품	32,493,459	-	32,493,459	24,081,044	-	24,081,044
기타	11,872,770	-	11,872,770	10,231,231	-	10,231,231
합 계	211,370,974	(2,595,649)	208,775,325	175,216,207	(2,894,008)	172,322,199

당사는 재고자산의 순실현 가능가액과 장부가액을 비교하여 당기에 298,359천원의 재고자산 평가손실 환입을 인식하였으며, 전기에 1,067,658천원의 재고자산 평가손실을 인식하였습니다. 파손 등 폐기된 재고자산과 관련하여 폐상된 재고자산폐기손실은 당기 및 전기 각각 2,903,567천원 및 3,294,773천원입니다.

사례5의 '23년 사업보고서상의 재고자산 XBRL 주석은 문장영역과 각각의 표로 매핑 내역이 구분된다. 문장영역은 아래와 같이 매핑이 되어 있다.

계층	한글명	ID명	설명
FD0	[D826385] 09. 재고자산 | 09. Inventories	[D826385] 09. 재고자산 | 09. Inventories	주석 제목
FD1	재고자산에 대한 공시 [문장영역]	ifrs-full: DisclosureOfInventoriesExplanatory	재고자산에 대한 공시 [문장영역]
FD2	재고자산 내역	entity00108241: DetailsOfInventories	[D826385a] 문장영역
FD2	재고자산평가 및 폐기손실에 대한 공시	entity00108241: DisclosureOfLossFromInventoryWriteDownAndAbandonmentTextBlock	[D826385b] 문장영역
FD3	재고자산 평가손실 및 폐기에 대한 주기	entity00108241: FootnoteForInventoryWriteDownAndLossOnAbandonment	'재고자산 평가손실 및 폐기에 대한 주기'로만 입력되어 있으나 정확한 내용 확인이 안 됨.

재고자산 세부내역에 대한 표는 아래와 같이 매핑이 되어 있다.

계층	한글명	ID명	설명
FD0	[D826385a] 주석 – 재고자산 – 연결	Notes – Inventories – Consolidated financial statements	[D826385a] 주석 – 재고자산 – 연결	Notes – Inventories – Consolidated financial statements	
FD1	재고자산 세부내역 [개요]	dart: DetailsOfInventoriesAbstract	
FD2	재고자산 세부내역 [표]	dart: DetailsOfInventoriesTable	
FD3	장부금액, 감가상각누계액, 상각누계액 및 손상차손누계액 누계액 및 총장부금액 [축]	ifrs-full: CarryingAmountAccumulatedDepreciationAmortisationAndImpairmentAndGrossCarryingAmountAxis	
FD4	장부금액 [구성요소]	ifrs-full: CarryingAmountMember	
FD5	취득원가 [구성요소]	ifrs-full: AtCostMember	
FD5	재고자산 평가충당금 [구성요소]	dart: AllowanceForInventoryValuationMember	
FD2	재고자산 세부내역 [항목]	dart: DetailsOfInventoriesLineItems	
FD3	유동 제상품(제품, 상품)	ifrs-full: CurrentInventoriesHeldForSale	
FD3	반제품 및 재공품	entity00108241: WorkInProcessAndSemiFinishedGoodsOfDetailsOfInvetoriesLineItemsOfDetailsOfInventories	확장
FD3	유동 원재료와 저장품	ifrs-full: CurrentMaterialsAndSuppliesToBeConsumedInProductionProcessOrRenderingServices	
FD3	유동 운송 중 재고자산	ifrs-full: CurrentInventoriesInTransit	
FD3	기타재고	ifrs-full: OtherInventories	
FD3	유동재고자산	ifrs-full: Inventories	

XBRL 편집기를 통해 작성되어, 최종 공시된 XBRL 주석은 아래와 같다.

당기

(단위:천원)

	취득원가	재고자산 평가충당금	장부금액 합계
제품 및 상품	99,885,053	(2,277,630)	97,607,423
반제품 및 재공품	10,799,457	0	10,799,457
원재료 및 부재료	56,320,235	(318,019)	56,002,216
미착품	32,493,459	0	32,493,459
기타	11,872,770	0	11,872,770
합계	211,370,974	(2,595,649)	208,775,325

전기

(단위:천원)

	취득원가	재고자산 평가충당금	장부금액 합계
제품 및 상품	90,710,564	(2,531,426)	88,179,138
반제품 및 재공품	10,347,373	(80,519)	10,266,854
원재료 및 부재료	39,845,995	(282,063)	39,563,932
미착품	24,081,044	0	24,081,044
기타	10,231,231	0	10,231,231
합계	175,216,207	(2,894,008)	172,322,199

재고자산평가 및 폐기손실에 대한 표는 아래와 같이 매핑이 되어 있다.

계층	한글명	ID명	설명
FD0	[D826385b] [D826385] 주석 – 09. 재고자산 – 연결 | Notes – Inventories – Consolidated financial statements	[D826385b] [D826385] 주석 – 09. 재고자산 – 연결 | Notes – Inventories – Consolidated financial statements	
FD1	재고자산평가 및 폐기손실에 대한 공시[개요]	entity00108241: Title202311214336153Abstract	확장
FD2	재고자산평가 및 폐기손실에 대한 공시	entity00108241:DisclosureOfLossFromInventoryWriteDownAndAbandonmentTable	확장
FD3	장부금액, 감가상각 누계액, 상각 누계액 및 손상차손 누계액 및 총장부금액 [축]	ifrs-full: CarryingAmountAccumulatedDepreciationAmortisationAndImpairmentAndGrossCarryingAmountAxis	
FD4	장부금액 [구성요소]	ifrs-full: CarryingAmountMember	
FD5	공시금액 [구성요소]	dart: ReportedAmountMember	
FD2	재고자산평가 및 폐기손실에 대한 공시 [항목]	entity00108241: Title202311214336358LineItems	확장
FD3	재고자산 평가손실	ifrs-full: InventoryWritedown2011	
FD3	재고자산 평가손실 환입	ifrs-full: ReversalOfInventoryWritedown	
FD3	재고자산 폐기손실	entity00108241: LossOnAbandonmentOfInventoryOfDisclosureOfLossFrommInventoryWriteDownAndAbandonmentLin	확장

XBRL 편집기를 통해 작성되어, 최종 공시된 XBRL 주석은 아래와 같다.

당기   (단위:천원)

	공시금액
재고자산 평가손실	0
재고자산 평가손실 환입	(298,359)
재고자산 폐기손실	2,903,567

전기   (단위:천원)

	공시금액
재고자산 평가손실	1,067,658
재고자산 평가손실 환입	0
재고자산 폐기손실	3,294,773

공시사례 6. 유형자산

사례6의 '23년 별도 감사보고서의 유형자산 주석은 아래와 같다.

12. 유형자산

• 당기 말과 전기 말 현재 유형자산 장부금액의 구성내역은 다음과 같습니다.

(단위: 백만원)

구 분	제37(당)기			제36(전)기		
	취득원가	감가상각 및 손상누계액	장부금액	취득원가	감가상각 및 손상누계액	장부금액
토지	346,043	-	346,043	358,000	-	358,000
건물	666,773	(392,970)	273,803	659,042	(387,802)	271,240
구축물	39,478	(27,720)	11,758	35,441	(27,268)	8,173
기계장치	1,349,707	(940,922)	408,785	1,279,246	(915,057)	364,189
차량운반구	1,413	(1,033)	380	1,340	(1,210)	130

구분	기초금액	취득(*1)	처분	상각	손상	대체 등(*2)	기말금액
공구와기구	54,273	46,022	(37,221)	(17,052)	-	(32,881)	13,141
비품	93,237	111,070	(70,912)	(22,325)	-	(84,683)	26,387
기타유형자산	4,736	4,709	(350)	(4,386)	-	(350)	4,359
건설중인 자산	197,581	132,220	-	(197,581)	-	-	132,220
합 계	2,753,241	2,627,090	(1,471,128)	(1,282,113)	-	(1,449,251)	1,177,839

- 당기와 전기 중 유형자산의 변동은 다음과 같습니다.

① 제37(당)기

(단위: 백만 원)

구분	기초금액	취득(*1)	처분	상각	손상	대체 등(*2)	기말금액
토지	358,000	-	-	-	-	(11,957)	346,043
건물	271,240	21,950	(190)	(17,366)	(10)	(1,821)	273,803
구축물	8,173	5,493	(147)	(1,445)	-	(316)	11,758
기계장치	364,189	63,345	(2,033)	(62,320)	(7,033)	52,637	408,785
차량운반구	130	363	-	(113)	-	-	380

구분	기초금액	취득	처분	상각	손상	대체 등(*)	기말금액
공구와 기구	13,141	8,246	–	(5,879)	(6)	1,550	17,052
비품	26,387	10,203	(36)	(14,458)	–	229	22,325
기타유형자산	4,359	27	–	–	–	–	4,386
건설중인 자산	132,220	125,168	–	–	(92)	(59,715)	197,581
합 계	1,177,839	234,795	(2,406)	(101,581)	(7,141)	(19,393)	1,282,113

(*1) 당기 중 적격자산인 유형자산에 대하여 자본화 된 차입원가 2,047백만 원이 포함되어 있으며, 자본화 가
능 차입원가를 산정하기 위해 사용된 자본화 차입 이자율은 4.4%~4.8%입니다.

(*2) 당기 중 투자부동산으로 대체 19,360백만원, 재고자산으로 대체 33백만원으로 구성되어 있습니다(주석
8, 14 참조).

② 제36(전)기

(단위: 백만 원)

구분	기초금액	취득	처분	상각	손상	대체 등(*)	기말금액
토지	380,873	–	(229)	–	–	(22,644)	358,000

건물	286,645	14,140	(351)	(20,086)	-	(9,108)	271,240
구축물	8,526	826	(53)	(1,379)	-	253	8,173
기계장치	357,715	32,936	(987)	(58,684)	(235)	33,444	364,189
차량운반구	144	55	-	(69)	-	-	130
공구와기구	9,689	8,338	(25)	(4,451)	(410)	-	13,141
비품	27,700	11,604	(200)	(13,940)	(101)	1,324	26,387
기타유형자산	4,161	20	(126)	-	-	178	4,359
건설중인자산	53,504	117,234	-	-	(20)	(38,372)	132,220
합계	1,128,957	185,153	(1,971)	(98,609)	(766)	(34,925)	1,177,839

(*) 전기 중 재고자산으로 대체 714백만 원, 무형자산으로 대체 230백만 원, 투자부동산으로 대체 33,981백만 원으로 구성되어 있습니다(주석 8, 13, 14 참조).

사례6의 '23년 사업보고서상의 유형자산 XBRL 주석은 문장영역과 각각의 표로 매핑 내역이 구분된다. 문장영역은 아래와 같이 매핑이 되어 있다.

계층	한글명	ID명	설명
FD0	[D822105] 12. 유형자산 (별도) | 12. Notes – Property, plant and equipment – Separated financial statements	[D822105] 12. 유형자산 (별도) | 12. Notes – Property, plant and equipment – Separated financial statements	주석 제목
FD1	유형자산에 대한 공시 [문장영역]	ifrs-full: DisclosureOfPropertyPlantAndEquipmentExplanatory	유형자산에 대한 공시 [문장영역]
FD2	유형자산 장부금액의 구성내역 [문장영역]	entity00244455: CompositionOfCarryingAmountAboutPropertyPlantAndEquipmentBy202212 91553122TextBlock	[D822105a] 문장영역
FD2	유형자산에 대한 세부 정보 공시 [문장영역]	ifrs-full: DisclosureOfDetailedInformationAboutPropertyPlantAndEquipmentExplanatory	[D822105b] 문장영역
FD2	차입원가, 유형자산, 별도[문장영역]	entity00244455: BorrowingCostsPlantAndEquipmentSeparateTextBlock	[D822105c] 문장영역

유형자산 장부금액의 구성내역에 대한 표는 아래와 같이 매핑이 되어 있다.

계층	한글명	ID명	설명
FD0	[D822105a] 주석 – 유형자산 – 별도 ｜ Notes – Property, plant and equipment – Separate financial statements	[D822105a] 주석 – 유형자산 – 별도 ｜ Notes – Property, plant and equipment – Separate financial statements	
FD1	유형자산 장부금액의 구성내역[개요]	entity00244455: udf_NOTE_20221291551511Abstract	확장
FD2	유형자산 장부금액의 구성내역	entity00244455: CompositionOfCarryingAmountAboutPropertyPlantAndEquipmentBy20221291553122Table	확장
FD3	유형자산의 분류 [축]	ifrs-full: ClassesOfPropertyPlantAndEquipmentAxis	
FD4	유형자산 [구성요소]	ifrs-full: PropertyPlantAndEquipmentMember	
FD5	토지 [구성요소]	ifrs-full: LandMember	
FD5	건물 [구성요소]	ifrs-full: BuildingsMember	
FD5	구축물 [구성요소]	entity00244455: StructureGrossMemberOfPropertyPlantAndEquipmentMemberBy2022129159199420fCompositionOfCarryingAmountAboutPropertyPlantAndEquipmentBy20221291553122TableOfMember	확장
FD5	기계장치 [구성요소]	ifrs-full: MachineryMember	
FD5	차량운반구 [구성요소]	ifrs-full: VehiclesMember	
FD5	공구와 기구 [구성요소]	entity00244455: ToolsAndEquipmentMemberOfPropertyPlantAndEquipmentMemberBy2022129159571270fCompositionOfCarryingAmountAboutPropertyPlantAndEquipmentBy20221291553122TableOfMember	확장

구분	명칭	요소	확장
FD5	사무용비품 [구성요소]	ifrs-full: OfficeEquipmentMember	
FD5	기타유형자산 [구성요소]	ifrs-full: OtherPropertyPlantAndEquipmentMember	
FD5	건설중인 자산 [구성요소]	ifrs-full: ConstructionInProgressMember	
FD5	유형자산 합계 [구성요소]	entity00244455: TotalOfPropertyPlantAndEquipmentMemberOfPropertyPlantAndEquipmentMemberOfCompositionOfCarryingAmountAboutPropertyPlantAndEquipmentBy20221291553122TableOfMember	확장
FD3	장부금액, 감가상각 누계액, 상각 누계액 및 손상차손 누계액 및 총장부금액 [축]	ifrs-full: CarryingAmountAccumulatedDepreciationAmortisationAndImpairmentAndGrossCarryingAmountAxis	
FD4	장부금액 [구성요소]	ifrs-full: CarryingAmountMember	
FD5	총장부금액 [구성요소]	ifrs-full: GrossCarryingAmountMember	
FD5	감가상각누계액 및 상각누계액 [구성요소]	ifrs-full: AccumulatedDepreciationAndAmortisationMember	
FD2	유형자산 장부금액의 구성내역 [항목]	entity00244455: udf_NOTE_20221291551660LineItems	확장
FD3	유형자산	ifrs-full: PropertyPlantAndEquipment	

XBRL 편집기를 통해 작성(행렬 바꾸기 포함)되어, 최종 공시된 XBRL 주석은 아래와 같다.

• 당기 말과 전기 말 현재 유형자산 장부금액의 구성내역은 다음과 같습니다.

당기

(단위: 백만 원)

				유형자산
유형자산	토지	장부금액	취득원가	346,043
			감가상각 및 손상 누계액	0
			장부금액	346,043
	건물	장부금액	취득원가	666,773
			감가상각 및 손상 누계액	(392,970)
			장부금액	273,803
	구축물	장부금액	취득원가	39,478
			감가상각 및 손상 누계액	(27,720)
			장부금액	11,758
	기계장치	장부금액	취득원가	1,349,707
			감가상각 및 손상 누계액	(940,922)
			장부금액	408,785

유형자산			
차량운반구	취득원가		1,413
	감가상각 및 손상 누계액		(1,033)
		장부금액	380
공구와 기구	취득원가		54,273
	감가상각 및 손상 누계액		(37,221)
		장부금액	17,052
비품	취득원가		93,237
	감가상각 및 손상 누계액		(70,912)
		장부금액	22,325
기타유형자산	취득원가		4,736
	감가상각 및 손상 누계액		(350)
		장부금액	4,386
건설중인 자산	취득원가		197,581
	감가상각 및 손상 누계액		0
		장부금액	197,581
유형자산 합계	취득원가		2,753,241
	감가상각 및 손상 누계액		(1,471,128)
		장부금액	1,282,113

전기

(단위: 백만 원)

유형자산			유형자산
토지	장부금액	취득원가	358,000
		감가상각 및 손상 누계액	0
		장부금액	358,000
건물	장부금액	취득원가	659,042
		감가상각 및 손상 누계액	(387,802)
		장부금액	271,240
구축물	장부금액	취득원가	35,441
		감가상각 및 손상 누계액	(27,268)
		장부금액	8,173
기계장치	장부금액	취득원가	1,279,246
		감가상각 및 손상 누계액	(915,057)
		장부금액	364,189
차량운반구	장부금액	취득원가	1,340
		감가상각 및 손상 누계액	(1,210)
		장부금액	130

유형자산			
공구와 기구	장부금액	취득원가	46,022
		감가상각 및 손상 누계액	(32,881)
		장부금액	13,141
비품	장부금액	취득원가	111,070
		감가상각 및 손상 누계액	(84,683)
		장부금액	26,387
기타유형자산	장부금액	취득원가	4,709
		감가상각 및 손상 누계액	(350)
		장부금액	4,359
건설중인 자산	장부금액	취득원가	132,220
		감가상각 및 손상 누계액	0
		장부금액	132,220
유형자산 합계	장부금액	취득원가	2,627,090
		감가상각 및 손상 누계액	(1,449,251)
		장부금액	1,177,839

유형자산에 대한 세부 정보에 대한 표는 아래와 같이 매핑이 되어 있다.

계층	한글명	ID명	설명
FD0	[D822105b] 주석 – 유형자산 – 별도 | Notes – Property, plant and equipment – Separate financial statements	[D822105b] 주석 – 유형자산 – 별도 | Notes – Property, plant and equipment – Separate financial statements	
FD1	유형자산에 대한 세부 정보 공시 [개요]	ifrs-full: DisclosureOfPropertyPlantAndEquipmentAbstract	
FD2	유형자산에 대한 세부 정보 공시 [표]	ifrs-full: DisclosureOfPropertyPlantAndEquipmentTable	
FD3	유형자산의 분류 [축]	ifrs-full: ClassesOfPropertyPlantAndEquipmentAxis	
FD4	유형자산 [구성요소]	ifrs-full: PropertyPlantAndEquipmentMember	
FD5	토지 [구성요소]	ifrs-full: LandMember	
FD5	건물 [구성요소]	ifrs-full: BuildingsMember	
FD5	구축물 [구성요소]	entity00244455: StructureGrossMemberOfPropertyPlantAndEquipmentMemberBy2022129152944894OfDisclosureOfPropertyPlantAndEquipmentTableOfMember	확장
FD5	기계장치 [구성요소]	ifrs-full :MachineryMember	
FD5	차량운반구 [구성요소]	ifrs-full :VehiclesMember	
FD5	공구와 기구 [구성요소]	entity00244455: ToolsAndEquipmentMemberOfPropertyPlantAndEquipmentMemberBy2022129153015282OfDisclosureOfPropertyPlantAndEquipmentTableOfMember	확장

FD5	사무용비품 [구성요소]	ifrs-full: OfficeEquipmentMember	
FD5	기타유형자산 [구성요소]	ifrs-full: OtherPropertyPlantAndEquipmentMember	
FD5	건설중인 자산 [구성요소]	ifrs-full: ConstructionInProgressMember	
FD2	유형자산에 대한 세부 정보 공시 [항목]	ifrs-full: DisclosureOfPropertyPlantAndEquipmentLineItems	
FD3	유형자산	ifrs-full: PropertyPlantAndEquipment	기초, 기말
FD3	사업결합을 통한 취득 이외의 증가, 유형자산	ifrs-full: AdditionsOtherThanThroughBusinessCombinationsPropertyPlantAndEquipment	
FD3	처분, 유형자산	ifrs-full: DisposalsPropertyPlantAndEquipment	
FD3	감가상각비, 유형자산	ifrs-full: DepreciationPropertyPlantAndEquipment	
FD3	당기손익으로 인식된 손상차손, 유형자산	ifrs-full: ImpairmentLossRecognisedInProfitOrLossPropertyPlantAndEquipment	
FD3	대체에 따른 증가(감소), 유형자산	ifrs-full: IncreaseDecreaseThroughTransfersPropertyPlantAndEquipment	

XBRL 편집기를 통해 작성(헤더 바꾸기 포함)되어, 최종 공시된 XBRL 주석은 아래와 같다.

• 당기와 전기 중 유형자산의 변동은 다음과 같습니다.

당기

(단위: 백만 원)

		기초금액	취득	처분	상각	손상	대체 등	기말금액
유형자산	토지	358,000	0	0	0	0	(11,957)	346,043
	건물	271,240	21,950	(190)	(17,366)	(10)	(1,821)	273,803
	구축물	8,173	5,493	(147)	(1,445)	0	(316)	11,758
	기계장치	364,189	63,345	(2,033)	(62,320)	(7,033)	52,637	408,785
	차량운반구	130	363	0	(113)	0	0	380
	공구와 기구	13,141	8,246	0	(5,879)	(6)	1,550	17,052
	비품	26,387	10,203	(36)	(14,458)	0	229	22,325
	기타유형자산	4,359	27	0	0	0	0	4,386
	건설중인 자산	132,220	125,168	0	0	(92)	(59,715)	197,581
유형자산		1,177,839	234,795	(2,406)	(101,581)	(7,141)	(19,393)	1,282,113

(취득) 당기 중 적격자산인 유형자산에 대하여 자본화 된 차입원가 2,047백만 원이 포함되어 있으며, 자본

하가는 차입원가를 산정하기 위해 사용된 자본화 차입 이자율은 4.4%~4.8%입니다.

(대체 등) 당기 중 투자부동산으로 대체 19,360백만 원, 재고자산으로 대체 33백만 원으로 구성되어 있습니다(주석 8, 14 참조).

전기

(단위: 백만 원)

		기초금액	취득	처분	상각	손상	대체 등	기말금액
유형자산	토지	380,873	0	(229)	0	0	(22,644)	358,000
	건물	286,645	14,140	(351)	(20,086)	0	(9,108)	271,240
	구축물	8,526	826	(53)	(1,379)	0	253	8,173
	기계장치	357,715	32,936	(987)	(58,684)	(235)	33,444	364,189
	차량운반구	144	55	0	(69)	0	0	130
	공구와기구	9,689	8,338	(25)	(4,451)	(410)	0	13,141
	비품	27,700	11,604	(200)	(13,940)	(101)	1,324	26,387
	기타유형자산	4,161	20	0	0	0	178	4,359
	건설중인 자산	53,504	117,234	(126)	0	(20)	(38,372)	132,220
유형자산		1,128,957	185,153	(1,971)	(98,609)	(766)	(34,925)	1,177,839

(대체 등) 전기 중 재고자산으로 대체 714백만 원, 무형자산으로 대체 230백만 원, 투자부동산으로 대체 33,981백만 원으로 구성되어 있습니다(주석 8, 13, 14 참조).

유형자산 차입원가에 대한 표는 아래와 같이 매핑이 되어 있다.

계층	한글명	ID명	설명
FD0	[D822105c] 12. 유형자산 (별도)	12. Notes – Property, plant and equipment – Separated financial statements	[D822105c] 12. 유형자산 (별도)	12. Notes – Property, plant and equipment – Separated financial statements	
FD1	차입원가, 유형자산, 별도 [개요]	entity00244455: Title202431823109048Abstract	확장
FD2	차입원가, 유형자산, 별도	entity00244455: BorrowingCostsPlantAndEquipmentSeparateTable	확장
FD3	자산의 분류 [축]	ifrs-full: ClassesOfAssetsAxis	
FD4	자산 [구성요소]	ifrs-full: ClassesOfAssetsMember	
FD5	유형자산 [구성요소]	ifrs-full: PropertyPlantAndEquipmentMember	
FD3	범위 [축]	ifrs-full: RangeAxis	
FD4	범위 [구성요소]	ifrs-full: RangesMember	
FD5	하위범위 [구성요소]	ifrs-full: BottomOfRangeMember	
FD5	상위범위 [구성요소]	ifrs-full: TopOfRangeMember	
FD2	차입원가, 유형자산, 별도 [항목]	entity00244455: Title2024318231145LineItems	확장
FD3	자본화된 차입원가	ifrs-full: BorrowingCostsCapitalised	
FD3	자본화가능차입원가를 산정하기 위하여 사용된 자본화이자율	ifrs-full: CapitalisationRateOfBorrowingCostsEligibleForCapitalisation	

XBRL 편집기를 통해 작성(행렬 바꾸기 포함)되어, 최종 공시된 XBRL 주석은 아래와 같다.

(단위: 백만 원)

자산	유형자산	범위	상위범위	하위범위
		범위		
			2,047	0.044
				0.048

공시사례 7. 사용권자산(리스)

사례7의 '23년 별도 감사보고서의 사용권자산(리스) 주석은 아래와 같다.

16. 사용권자산

- 당기말과 전기말 현재 사용권자산 장부금액의 구성내역은 다음과 같습니다.

(단위: 백만원)

구 분	제37(당)기			제36(전)기		
	취득원가	감가상각누계액	장부금액	취득원가	감가상각누계액	장부금액
건물	28,355	(7,367)	20,988	24,165	(5,166)	18,999
기계장치	-	-	-	117	(59)	58
차량운반구	11,713	(6,402)	5,311	14,824	(8,241)	6,583
합 계	40,068	(13,769)	26,299	39,106	(13,466)	25,640

- 당기와 전기 중 사용권자산의 변동은 다음과 같습니다.

① 제37(당)기

(단위: 백만원)

구분	기초금액	취득	처분	상각	기말금액
건물	18,999	10,253	(2,140)	(6,124)	20,988
기계장치	58	-	-	(58)	-
차량운반구	6,583	3,168	(278)	(4,162)	5,311
합 계	25,640	13,421	(2,418)	(10,344)	26,299

② 제36(전)기

(단위: 백만원)

구분	기초금액	취득	처분	상각	기말금액
건물	14,357	9,389	(90)	(4,657)	18,999
기계장치	-	120	(3)	(59)	58
차량운반구	8,287	2,938	(242)	(4,400)	6,583
합 계	22,644	12,447	(335)	(9,116)	25,640

• 당기와 전기 중 리스와 관련해서 포괄 손익계산서에 인식된 금액은 다음과 같습니다.

(단위: 백만원)

구 분	제37(당기)	제36(전기)
감가상각비	10,344	9,116
이자비용	737	400
단기 리스료	331	355
소액자산 리스료	508	479
변동 리스료	1,192	845
리스계약조정손실(이익)	(58)	(2)

당기 중 리스의 총 현금유출액은 10,921백만 원(전기: 10,127백만 원)입니다.

• 당사는 사용권자산으로 표시되는 사무실 중 일부를 전대리스로 제공하였으며, 해당 전대리스는 자산의 소유에 따른 위험과 보상의 대부분이 이전되지 않기 때문에 당사는 관련 리스를 운용리스로 분류하고 있습니다. 당사가 당기 중 인식한 리스료 수익은 20백만 원입니다.

사례7의 '23년 사업보고서상의 사용권자산(리스) XBRL 주석은 문장영역과 각각의 표로 매핑 내역이 구분된다.

문장영역은 아래와 같이 매핑이 되어 있다.

계층	한글명	ID명	설명
FD0	[D832615] 16. 사용권자산 (별도) | 16. Notes – Leases – Separated financial statements	[D832615] 16. 사용권자산 (별도) | 16. Notes – Leases – Separated financial statements	주석 제목
FD1	리스에 대한 공시 [문장영역]	ifrs-full: DisclosureOfLeasesExplanatory	리스에 대한 공시 [문장영역]
FD2	사용권자산 장부금액의 구성내역 [문장영역]	entity00244455: ompositionOfCarryingAmount AboutRightOfUseAssetsBy2022129171717129 50TextBlock	[D832615a] 문장영역
FD2	리스이용자의 리스에 대한 양적 정보 공시 [문장영역]	ifrs-full: DisclosureOfQuantitativeInformationA boutLeasesForLesseeAbstract	'리스이용자의 리스에 대한 양적 정보 공시 [개요]' 로만 기재되어 있음
FD3	사용권자산에 대한 양적 정보 공시 [문장영역]	ifrs-full: DisclosureOfQuantitativeInformation AboutRightofuseAssetsExplanatory	[D832615b] 문장영역
FD2	리스이용자의 리스에 대한 양적 정보 공시 [문장영역]	entity00244455: DisclosureOfQuantitativeInfo rmationAboutLeasesForLesseeBy2022129129172 96812TextBlock	[D832615c] 문장영역

사용권자산 장부금액의 구성내역에 대한 표는 아래와 같이 매핑이 되어 있다.

계층	한글명	ID명	설명
FD0	[D832615a] 주석 - 리스 - 별도	Notes - Leases - Separate financial statements	[D832615a] 주석 - 리스 - 별도	Notes - Leases - Separate financial statements	
FD1	사용권자산 장부금액의 구성 내역 [개요]	entity00244455:udf_NOTE_20221291716656139Abstract	확장
FD2	사용권자산 장부금액의 구성내역	entity00244455: CompositionOfCarryingAmountAboutRightOfUseAssetsBy20221717112950Table	확장
FD3	자산의 분류 [축]	ifrs-full: ClassesOfAssetsAxis	
FD4	자산 [구성요소]	ifrs-full: ClassesOfAssetsMember	
FD5	사용권자산 [구성요소]	ifrs-full: RightofuseAssetsMember	
FD6	건물 [구성요소]	ifrs-full: BuildingsMember	
FD6	기계장치 [구성요소]	ifrs-full: MachineryMember	
FD6	차량운반구 [구성요소]	ifrs-full: VehiclesMember	
FD6	사용권자산 합계 [구성요소]	entity00244455: TotalOfRightOfUseAssetsMemberOfRightOfUseAssetsMemberOfCompositionOfCarryingAmountAbo	확장
FD3	장부금액, 감가상각누계액, 상각누계액 및 손상차손누계액 및 총장부금액 [축]	ifrs-full: CarryingAmountAccumulatedDepreciationAmortisationAndImpairmentAndGrossCarryingAmountAxis	
FD4	장부금액 [구성요소]	ifrs-full: CarryingAmountMember	
FD5	총장부금액 [구성요소]	ifrs-full: GrossCarryingAmountMember	
FD5	감가상각누계액 및 상각누계액 [구성요소]	ifrs-full: AccumulatedDepreciationAndAmortisationMember	
FD2	사용권자산 장부금액의 구성내역 [항목]	entity00244455:udf_NOTE_20221291716656379LineItems	확장
FD3	사용권자산	ifrs-full: RightofuseAssets	

XBRL 편집기를 통해 작성(행렬 바꾸기 포함)되어, 최종 공시된 XBRL 주석은 아래와 같다.

- 당기 말과 전기 말 현재 사용권자산 장부금액의 구성내역은 다음과 같습니다.

당기

(단위: 백만원)

				사용권자산
자산	사용권자산	건물	취득원가	28,355
			감가상각 누계액	(7,367)
			장부금액	20,988
		기계장치	취득원가	0
			감가상각 누계액	0
			장부금액	0
		차량운반구	취득원가	11,713
			감가상각 누계액	(6,402)
			장부금액	5,311
		사용권자산 합계	취득원가	40,068
			감가상각 누계액	(13,769)
			장부금액	26,299

전기

(단위: 백만원)

자산					사용권자산
사용권자산	건물	장부금액	장부금액	취득원가	24,165
				감가상각 누계액	(5,166)
			장부금액		18,999
	기계장치	장부금액		취득원가	117
				감가상각 누계액	(59)
			장부금액		58
	차량운반구	장부금액		취득원가	14,824
				감가상각 누계액	(8,241)
			장부금액		6,583
	사용권자산 합계	장부금액		취득원가	39,106
				감가상각 누계액	(13,466)
			장부금액		25,640

사용권자산에 대한 양적 정보에 대한 표는 아래와 같이 매핑이 되어 있다.

계층	한글명	ID명	설명
FD0	[D832615b] 주석 - 리스 - 별도	Notes - Leases - Separate financial statements	[D832615b] 주석 - 리스 - 별도	Notes - Leases - Separate financial statements	
FD1	사용권자산에 대한 양적 정보 공시 [개요]	ifrs-full: DisclosureOfQuantitativeInformationAboutRightofuseAssetsAbstract	
FD2	사용권자산에 대한 양적 정보 공시 [표]	ifrs-full: DisclosureOfQuantitativeInformationAboutRightofuseAssetsTable	
FD3	자산의 분류 [축]	ifrs-full: ClassesOfAssetsAxis	
FD4	자산 [구성요소]	ifrs-full: ClassesOfAssetsMember	
FD5	사용권자산 [구성요소]	ifrs-full: RightofuseAssetsMember	
FD6	건물 [구성요소]	ifrs-full: BuildingsMember	
FD6	기계장치 [구성요소]	ifrs-full: MachineryMember	
FD6	차량운반구 [구성요소]	ifrs-full: VehiclesMember	
FD2	사용권자산에 대한 양적 정보 공시 [항목]	ifrs-full: DisclosureOfQuantitativeInformationAboutRightofuseAssetsLineItems	
FD3	사용권자산	ifrs-full: RightofuseAssets	기초, 기말
FD3	사용권자산의 추가	ifrs-full: AdditionsToRightofuseAssets	
FD3	계약 종료 또는 해지로 인한 감소, 사용권자산	dart: DecreaseOfRightofuseAssetsDueToTerminationOrCancellationOfLeaseContracts	
FD3	사용권자산 감가상각비	ifrs-full: DepreciationRightofuseAssets	

XBRL 편집기를 통해 작성(행렬 바꾸기 포함)되어, 최종 공시된 XBRL 주석은 아래와 같다.

- 당기와 전기 중 사용권자산의 변동은 다음과 같습니다.

당기

(단위: 백만 원)

		기초금액	취득	처분	상각	기말금액
자산	사용권자산 건물	18,999	10,253	(2,140)	(6,124)	20,988
	기계장치	58	0	0	(58)	0
	차량운반구	6,583	3,168	(278)	(4,162)	5,311
자산		25,640	13,421	(2,418)	(10,344)	26,299

전기

(단위: 백만 원)

		기초금액	취득	처분	상각	기말금액
자산	사용권자산 건물	14,357	9,389	(90)	(4,657)	18,999
	기계장치	0	120	(3)	(59)	58
	차량운반구	8,287	2,938	(242)	(4,400)	6,583
자산		22,644	12,447	(335)	(9,116)	25,640

단숨에 배우는 XBRL

리스이용자의 리스에 대한 양적 정보에 대한 표는 아래와 같이 매핑이 되어 있다.

계층	한글명	ID명	설명
FD0	[D832615c] 주석 - 리스 - 별도 I Notes - Leases - Separate financial statements	[D832615c] 주석 - 리스 - 별도 I Notes - Leases - Separate financial statements	
FD1	리스이용자의 리스에 대한 양적 정보 공시[[개요]	entity00244455: udf_NOTE_20221291728741372Abstract	확장
FD2	리스이용자의 리스에 대한 양적 정보 공시	entity00244455: DisclosureOfQuantitativeInformationAboutLeasesForLesseeBy2022129172968 12Table	확장
FD3	장부금액, 감가상각 누계액 상각 누계액 및 손상차손 누계액 및 총장부금액 [축]	ifrs-full: CarryingAmountAccumulatedDepreciationAmortisationAndImpairmentAndGrossCarryingAmountAxis	
FD4	장부금액 [구성요소]	ifrs-full: CarryingAmountMember	
FD5	공시금액 [구성요소]	dart: ReportedAmountMember	
FD2	리스이용자의 리스에 대한 양적 정보 공시[항목]	entity00244455: udf_NOTE_20221291728741526LineItems	확장
FD3	사용권자산 감가상각비	ifrs-full: DepreciationRightofuseAssets	
FD3	리스부채에 대한 이자비용	ifrs-full: InterestExpenseOnLeaseLiabilities	
FD3	인식 면제 규정이 적용된 단기리스에 관련되는 비용	ifrs-full: ExpenseRelatingToShorttermLeasesForWhichRecognitionExemptionHasBeenUsed	
FD3	인식 면제 규정이 적용된 소액자산 리스에 관련되는 비용	ifrs-full: ExpenseRelatingToLeasesOfLowvalueAssetsForWhichRecognitionExemptionHasBeenUsed	
FD3	리스부채 측정에 포함되지 않은 변동 리스료에 관련되는 비용	ifrs-full: ExpenseRelatingToVariableLeasePaymentsNotIncludedInMeasurementOfLeaseLiabilities	
FD3	리스계약조정손익	entity00244455: udf_NOTE_20231228194856276	확장
FD3	리스와 관련해서 포괄 손익계산서에 인식된 금액	entity00244455: AmountRecognisedInTheComprehensiveIncomeStatementInRelationToTheLeaseOfDisclosureOfQu	확장
FD3	리스 현금유출	ifrs-full: CashOutflowForLeases	
FD3	사용권자산의 전대리스에서 생기는 수익	ifrs-full: IncomeFromSubleasingRightofuseAssets	

XBRL 편집기를 통해 작성되어, 최종 공시된 XBRL 주석은 아래와 같다.

- 당기와 전기 중 리스와 관련해서 포괄 순익계산서에 인식된 금액은 다음과 같습니다.

당기

(단위: 백만원)

	공시금액
감가상각비	10,344
이자비용	737
단기 리스료	331
소액자산 리스료	508
변동 리스료	1,192
리스계약조정손실(이익)	(58)
합계	13,054
리스의 총 현금유출	10,921
사용권자산의 전대리스에서 생기는 수익	20

전기

(단위: 백만원)

	공시금액
감가상각비	9,116
이자비용	400
단기 리스료	355
소액자산 리스료	479
변동 리스료	845
리스계약조정손실(이익)	(2)
합계	11,193
리스의 총 현금유출	10,127
사용권자산의 전대리스에서 생기는 수익	

공시사례 8. 매출채권과 기타채권

사례8의 '23년 별도 감사보고서의 매출채권과 기타채권 주석은 아래와 같다.

8. 매출채권 및 계약자산

- 당사의 매출채권의 내역과 연령분석은 다음과 같습니다.

(단위: 천원)

구분		당기 말		전기 말
매출채권		750,312,141		257,054,346

(단위: 천원)

구분		당기 말		전기 말
연체되지 않은 채권		712,884,183		255,480,495
연체되었으나 손상되지 않은 채권				
1개월 이하		37,427,958		1,488,854

(단위: 천원)

구분		
3개월 이하		84,997
소 계	37,427,958	1,573,851
합 계	750,312,141	257,054,346

- 당기와 전기 중 당사의 매출채권에 대한 손실충당금 변동내역은 없습니다.

- 당사의 계약자산의 내역은 다음과 같습니다.

구분	당기 말	전기 말
미청구공사	9,680,910	11,953,196

사례8의 '23년 사업보고서상의 매출채권과 기타채권 XBRL 주석은 문장영역과 각각의 표로 매핑 내역이 구분된다. 문장영역은 아래와 같이 매핑이 되어 있다.

계층	한글명	ID명	설명
FD0	[D822425] 8. 매출채권과 계약자산 8.Trade receivables and contract assets	[D822425] 8. 매출채권과 계약자산 8.Trade receivables and contract assets	주석 제목
FD1	매출채권 및 기타채권 [개요]	ifrs-full: TradeAndOtherReceivablesAbstract	[D822425a] 문장영역
FD2	대손충당금의 변동내역	entity00155276: ChangeInTheLossAllowance ForTheTradeReceivables	당기와 전기 중 당사의 매출채권에 대한 손실 충당금 변동내역은 없습니다.

매출채권과 기타채권에 대한 표는 아래와 같이 매핑이 되어 있다.

계층	한글명	ID명	설명
FD0	[D822425a] 주석 – 매출채권 및 기타채권 – 연결 | Notes – Trade and other receivables – Consolidated financial statements	[D822425a] 주석 – 매출채권 및 기타채권 – 연결 | Notes – Trade and other receivables – Consolidated financial statements	
FD1	금융자산의 공시 [개요]	ifrs-full: DisclosureOfFinancialAssetsAbstract	
FD2	매출채권 및 기타채권	dart: TradeAndOtherReceivablesTable	
FD3	장부금액, 감가상각 누계액, 상각 누계액 및 손상차손 누계액 및 총장부금액 [축]	ifrs-full: CarryingAmountAccumulatedDeprecationAmortisationAndImpairmentAndGrossCarryingAmountAxis	
FD4	장부금액 [구성요소]	ifrs-full: CarryingAmountMember	
FD5	공시금액 [구성요소]	dart: ReportedAmountMember	
FD2	금융자산의 공시 [항목]	ifrs-full: DisclosureOfFinancialAssetsLineItems	
FD3	단기 매출채권	dart: ShortTermTradeReceivable	
FD3	단기 미청구공사	dart: ShortTermDueFromCustomersForContractWork	

XBRL 편집기를 통해 작성되어, 최종 공시된 XBRL 주석은 아래와 같다.

8. 매출채권과 계약자산

당기

(단위: 천원)

구분	전기 말
매출채권	750,312,141
미청구공사	9,680,910

전기

(단위: 천원)

구분	전기 말
매출채권	257,054,346
미청구공사	11,953,196

연체되거나 손상된 매출채권과 기타채권에 대한 표는 아래와 같이 매핑이 되어 있다.

계층	한글명	ID명	설명
FD0	[D822425b] 주석 – 매출채권 및 기타채권 – 연결	Notes – Trade and other receivables – Consolidated financial statements	[D822425b] 주석 – 매출채권 및 기타채권 – 연결	Notes – Trade and other receivables – Consolidated financial statements	
FD1	연체되거나 손상된 금융자산에 대한 공시 [개요]	ifrs-full: DisclosureOfFinancialAssetsThatAreEitherPastDueOrImpairedAbstract	
FD2	연체되거나 손상된 매출채권 및 기타채권에 대한 공시 [표]	dart: DisclosureOfReceivablesThatAreEitherPastDueOrImpairedTable	
FD3	연체상태 [축]	ifrs-full: PastDueStatusAxis	
FD4	연체상태 [구성요소]	ifrs-full: PastDueStatusMember	
FD5	기간이 경과되지 않았거나 손상되지 않은 금융자산 [구성요소]	ifrs-full: FinancialAssetsNeitherPastDueNorImpairedMember	
FD6	현재, 연체되지 않은 채권	entity00155276: CurrentNonOverdueReceivablesOfFinancialAssetsNeitherPastDueNorImpairedMemberOfDisclos	확장
FD5	기간이 경과되었지만 손상되지 않은 금융자산 [구성요소]	ifrs-full: FinancialAssetsPastDueButNotImpairedMember	
FD6	1개월 이하	entity00155276: OneMonthOrLessOfFinancialAssetsPastDueButNotImpaire dMemberOfDisclosureOfReceivablesTh	확장
FD6	3개월 이하	entity00155276: ThreeMonthsOrLessOfFinancialAssetsPastDueButNotImpaire dMemberOfDisclosureOfReceivable	확장

FD6	합계, 연체되었으나 손상되지 않은 채권	entity00155276: TotalNonImpairedOverdueReceivablesOfFinancialAssetsPastDueButNotImpairedMemberOfDiscl	확장
FD2	연령분석	ifrs-full: DisclosureOfFinancialAssetsThatAreEitherPastDueOrImpairedLineItems	
FD3	단기매출채권	dart: ShortTermTradeReceivable	

XBRL 편집기를 통해 작성되어, 최종 공시된 XBRL 주석은 아래와 같다.

당기

(단위: 백만원)

	연체되지 않은 채권	연체상태			연체 상태 합계
		연체되었으나 손상되지 않은 채권			
	현재	1개월 이하	3개월 이하	소계	
매출채권	712,884,183	37,427,958		37,427,958	750,312,142

전기

(단위: 백만원)

	연체되지 않은 채권	연체상태			연체 상태 합계
		연체되었으나 손상되지 않은 채권			
	현재	1개월 이하	3개월 이하	소계	
매출채권	255,480,495	1,488,854	84,997	1,573,851	257,054,346

당기

(단위: 백만원)

	연체상태				
	연체되지 않은 채권	연체되었으나 손상되지 않은 채권			연체 상태 합계
	현재	1개월 이하	3개월 이하	소계	
매출채권	712,884,183	37,427,958		37,427,958	750,312,142

전기

(단위: 백만원)

	연체상태				
	연체되지 않은 채권	연체되었으나 손상되지 않은 채권			연체 상태 합계
	현재	1개월 이하	3개월 이하	소계	
매출채권	255,480,495	1,488,854	84,997	1,573,851	257,054,346

공시사례 9. 금융상품

사례9의 '23년 별도 감사보고서의 금융상품 주석은 아래와 같다.

5. 금융상품의 구분과 공정가치

- 당기말과 전기 말 현재 금융자산의 범주별 구분 및 장부금액과 공정가치는 다음과 같습니다.

(단위: 백만원)

금융자산 범주	계정명	2023.12.31		2022.12.31	
		장부금액	공정가치	장부금액	공정가치
당기손익-공정가치 측정금융자산	파생상품자산	-	-	9,878	9,878
	출자금	175,733	175,733	39,589	39,589
	소 계	175,733	175,733	49,467	49,467
기타포괄손익-공정 가치측정 금융자산	시장성 있는 지분증권	50,520	50,520	38,925	38,925
	시장성 없는 지분증권	145,022	145,022	143,342	143,342

(단위: 백만원)

	2023.12.31 장부금액	2023.12.31 공정가치	2022.12.31 장부금액	2022.12.31 공정가치
소 계	195,542	195,542	182,267	182,267
현금 및 현금성자산	183,009	183,009	191,771	191,771
금융기관예치금	1,663,483	1,663,483	1,736,898	1,736,898
미수금	38,506	38,506	57,779	57,779
미수수익	26,227	26,227	18,991	18,991
보증금	1,006	1,006	1,605	1,605
소 계	1,912,231	1,912,231	2,007,044	2,007,044
금융자산 합계	2,283,506	2,283,506	2,238,778	2,238,778

(상각 후 원가측정 금융자산)

- 당기 말과 전기 말 현재 금융부채의 범주별 구분 및 장부금액과 공정가치는 다음과 같습니다.

(단위: 백만원)

금융부채 범주	계정명	2023.12.31 장부금액	2023.12.31 공정가치	2022.12.31 장부금액	2022.12.31 공정가치
상각 후 원가측정 금융부채	미지급금(*)	79,488	79,488	39,202	39,202
	미지급비용(*)	1,354	1,354	1,841	1,841

		331	331	423	423
상각 후 원가측정 금융자산	미지급배당금	331	331	423	423
	예수보증금	84,908	84,908	84,405	84,405
	소 계	166,081	166,081	125,871	125,871
기타금융부채	리스부채	1,221	1,221	1,006	1,006
금융부채 합계		167,302	167,302	126,877	126,877

(*) 금융부채에 해당하지 않는 미지급급금 등은 제외되었습니다.

사례9의 '23년 사업보고서상의 금융상품 XBRL 주석은 문장영역과 각각의 표로 매핑 내역이 구분된다.

문장영역은 아래와 같이 매핑이 되어 있다.

계층	한글명	ID명	설명
FD0	[D822395] 5. 금융상품의 구분 및 공정가치 | 5. CLASSIFICATION OF FINANCIAL INSTRUMENTS AND FAIR VALUE	[D822395] 5. 금융상품의 구분 및 공정가치 | 5. CLASSIFICATION OF FINANCIAL INSTRUMENTS AND FAIR VALUE	주석 제목
FD1	금융상품의 공시 [문장영역]	ifrs-full: DisclosureOfFinancialInstrumentsExplanatory	금융상품의 공시 [문장영역]
FD2	금융자산의 공시	ifrs-full: DisclosureOfFinancialAssetsExplanatory	[D822395a] 문장영역
FD2	금융부채의 공시	ifrs-full: DisclosureOfFinancialLiabilitiesExplanatory	[D822395b] 문장영역
FD3	5.(2) 설명	entity00120021 : Five2Explanation	(*) 금융부채에 해당하지 않는 미지급금 등은 제외되었습니다.

금융자산의 공시에 대한 표는 아래와 같이 매핑이 되어 있다.

계층	한글명	ID명	설명
FD0	[D822395a] 주석 – 금융상품 – 연결	Notes – Financial instruments – Consolidated financial statements	[D822395a] 주석 – 금융상품 – 연결	Notes – Financial instruments – Consolidated financial statements	
FD1	금융자산의 공시 [개요]	ifrs-full: DisclosureOfFinancialAssetsAbstract	
FD2	(1) 당기말 및 전기말 현재 금융자산의 장부금액과 공정가치는 다음과 같습니다.	ifrs-full: DisclosureOfFinancialAssetsTable	
FD3	금융자산의 범주 [축]	ifrs-full: CategoriesOfFinancialAssetsAxis	
FD4	금융자산, 범주 [구성요소]	ifrs-full: FinancialAssetsCategoryMember	
FD5	당기손익인식금융자산 [구성요소]	ifrs-full: FinancialAssetsAtFairValueThroughProfitOrLossCategoryMember	
FD6	기타파생상품자산	entity00120021: OtherDerivativeAssetOfFinancialAssetsAtFairValueThroughProfitOrLossCategoryMemberOfDi	확장
FD6	출자금 [구성요소]	dart: EquityInvestedMember	
FD5	공정가치평가를 기타포괄손익으로 인식하는 금융자산 [구성요소]	ifrs-full: FinancialAssetsAtFairValueThroughOtherComprehensiveIncomeCategoryMember	
FD6	시장성 있는 지분상품	entity00120021: MarketableEquitySecuritiesOfFinancialAssetsAtFairValueThroughOtherComprehensiveIncome	확장
FD6	시장성 없는 지분상품	entity00120021: UnmarketableEquitySecuritiesOfFinancialAssetsAtFairValueThroughOtherComprehensiveInco	확장

FD5	상각 후 원가로 측정하는 금융자산, 범주 [구성요소]	ifrs-full: FinancialAssetsAtAmortisedCostCategoryMember	
FD6	현금 및 현금성자산	entity00120021: CashAndCashEquivalentsOfFinancialAssetsAtAmortisedCostCategoryMemberOfDisclosureOfFin	확장
FD6	금융기관예치금	entity00120021: FinancialInstitutionDepositsOfFinancialAssetsAtAmortisedCostCategoryMemberOfDisclosur	확장
FD6	미수금	entity00120021: OtherAccountsReceivableOfFinancialAssetsAtAmortisedCostCategoryMemberOfDisclosureOfFi	확장
FD6	미수수익	entity00120021: AccruedIncomeOfFinancialAssetsAtAmortisedCostCategoryMemberOfDisclosureOfFinancialAss	확장
FD6	보증금	entity00120021: DepositsOfFinancialAssetsAtAmortisedCostCategoryMemberOfDisclosureOfFinancialAssetsTa	확장
FD2	금융자산의 공시 [항목]	ifrs-full: DisclosureOfFinancialAssetsLineItems	
FD3	금융자산	ifrs-full: FinancialAssets	
FD3	금융자산, 공정가치	ifrs-full: FinancialAssetsAtFairValue	

XBRL 편집기를 통해 작성(행렬 바꾸기 포함)되어, 최종 공시된 XBRL 주석은 아래와 같다.

- 당기 말과 전기 말 현재 금융자산의 범주별 구분 및 장부금액과 공정가치는 다음과 같습니다.

당기

(단위: 백만 원)

금융자산, 범주			장부금액	공정가치
당기손익-공정가치측정 금융자산		파생상품자산	0	0
		출자금	175,733	175,733
기타포괄손익-공정가치측정 금융자산		시장성 있는 지분증권	50,520	50,520
		시장성 없는 지분증권	145,022	145,022
상각 후 원가측정 금융자산		현금 및 현금성자산	183,009	183,009
		금융기관예치금	1,663,483	1,663,483
		미수금	38,506	38,506
		미수수익	26,227	26,227
		보증금	1,006	1,006
금융자산, 범주			2,283,506	2,283,506

전기

(단위: 백만 원)

		장부금액	공정가치
당기손익-공정가치측정 금융자산	파생상품자산	9,878	9,878
	출자금	39,589	39,589
기타포괄손익-공정가치측정 금융자산	시장성 있는 지분증권	38,925	38,925
	시장성 없는 지분증권	143,342	143,342
금융자산, 범주	현금 및 현금성자산	191,771	191,771
	금융기관예치금	1,736,898	1,736,898
상각 후 원가측정 금융자산	미수금	57,779	57,779
	미수수익	18,991	18,991
	보증금	1,605	1,605
금융자산, 범주		2,238,778	2,238,778

금융부채에 대한 공시에 대한 표는 아래와 같이 매핑이 되어 있다.

계층	한글명	ID명
FD0	[D822395b] 주석 – 금융상품 – 연결	Notes – Financial instruments – Consolidated financial statements	[D822395b] 주석 – 금융상품 – 연결	Notes – Financial instruments – Consolidated financial statements

설명0

FD	항목	요소	확장
FD1	금융부채의 공시 [개요]	ifrs-full: DisclosureOfFinancialLiabilitiesAbstract	
FD2	(2) 당기말 및 전기말 현재 금융부채의 장부금액과 공정가치는 다음과 같습니다.	ifrs-full: DisclosureOfFinancialLiabilitiesTable	
FD3	금융부채의 범주 [축]	ifrs-full: CategoriesOfFinancialLiabilitiesAxis	
FD4	금융부채, 범주 [구성요소]	ifrs-full: FinancialLiabilitiesCategoryMember	
FD5	상각후원가로 측정하는 금융부채, 범주 [구성요소]	ifrs-full: FinancialLiabilitiesAtAmortisedCostCategoryMember	
FD6	미지급금(*)	entity00120021: OtherAccountsPayableOfFinancialLiabilitiesAtAmortisedCostCategoryMemberOfDisclosureOf	확장
FD6	미지급비용(*)	entity00120021: AccruedExpensesOfFinancialLiabilitiesAtAmortisedCostCategoryMemberOfDisclosureOfFinan	확장
FD6	미지급배당금	entity00120021: AccruedDividendsOfFinancialLiabilitiesAtAmortisedCostCategoryMemberOfDisclosureOfFina	확장
FD6	예수보증금	entity00120021: DepositsReceivedOfFinancialLiabilitiesAtAmortisedCostCategoryMemberOfDisclosureOfFina	확장
FD5	리스부채	entity00120021: LeaseLiabilitiesCategoryOfFinancialLiabilitiesCategoryMemberOfDisclosureOfFinancialLiabilitiesTableOfMember	확장
FD6	리스부채	entity00120021: FinancialLiabilitiesLeaseLiabilitiesLeaseLiabilitiesCategoryOfDisclosureOfFinancial	확장
FD2	금융부채의 공시 [항목]	ifrs-full: DisclosureOfFinancialLiabilitiesLineItems	
FD3	금융부채	ifrs-full: FinancialLiabilities	
FD3	금융부채, 공정가치	ifrs-full: FinancialLiabilitiesAtFairValue	

XBRL 편집기를 통해 작성(행렬 바꾸기 포함)되어, 최종 공시된 XBRL 주석은 아래와 같다.

- 당기 말과 전기 말 현재 금융부채의 범주별 구분 및 장부금액과 공정가치는 다음과 같습니다.

당기

(단위: 백만 원)

금융부채, 범주			장부금액	공정가치
상각 후 원가측정 금융부채	미지급금(*)		79,488	79,488
	미지급비용(*)		1,354	1,354
	미지급배당금		331	331
	예수보증금		84,908	84,908
기타금융부채	리스부채		1,221	1,221
금융부채, 범주			167,302	167,302

전기

(단위: 백만 원)

금융부채, 범주			장부금액	공정가치
상각 후 원가측정 금융부채	미지급금(*)		39,202	39,202
	미지급비용(*)		1,841	1,841
	미지급배당금		423	423
	예수보증금		84,405	84,405
기타금융부채	리스부채		1,006	1,006
금융부채, 범주			126,877	126,877

단숨에 배우는 XBRL

공시사례 10. 기타자산

사례10의 '23년 별도 감사보고서의 기타자산 주석은 아래와 같다.

9. 기타 금융자산과 기타 유동자산

- 당기 말과 전기 말 현재 기타금융자산의 내역은 다음과 같습니다.

(단위: 백만원)

구 분	당기 말	전기 말
단기금융상품	63,559	–
유동성장기금융상품	30	–
장기금융상품	18	59,610
합 계	63,607	59,610

- 당기 말과 전기 말 현재 기타 유동자산의 내역은 다음과 같습니다.

(단위: 백만원)

구 분	당기 말	전기 말
부가세대급금	13,134	18,892
선급금	519	1,067
합 계	13,653	19,959

사례10의 '23년 사업보고서상의 기타자산 XBRL 주석은 문장영역과 각각의 표로 매핑 내역이 구분된다.
문장영역은 아래와 같이 매핑이 되어 있다.

계층	한글명	ID명	설명
FD0	[D822305] 9. 기타금융자산 및 기타 유동자산 | 9. Other financial assets and Other current assets	[D822305] 9. 기타금융자산 및 기타 유동자산 | 9. Other financial assets and Other current assets	주석 제목
FD1	기타자산에 대한 공시 [문장영역]	ifrs-full: DisclosureOfOtherAssetsExplanatory	기타자산에 대한 공시 [문장영역]
FD2	기타금융자산	entity00115676: OtherFinancialAssets	[D822305a] 문장영역
FD2	기타 유동자산 [문장영역]	entity00115676: OtherCurrentAssetsTextBlock	[D822305b] 문장영역

기타 금융자산에 대한 표는 아래와 같이 매핑이 되어 있다.

계층	한글명	ID명	설명
FD0	[D822305a] [D822305] 9. 기타 금융자산과 기타 유동자산 - 연결	[D822305] Notes – Other financial assets and Other current assets – Consolidated financial statements	[D822305a] [D822305] 9. 기타 금융자산과 기타 유동자산 - 연결	[D822305] Notes – Other financial assets and Other current assets – Consolidated financial statements	
FD1	기타 자산에 대한 공시 [개요]	dart: DisclosureOfOtherAssetsAbstract	
FD2	기타금융자산	dart: DisclosureOfOtherAssetsTable	
FD3	장부금액, 감가상각 누계액, 상각 누계액 및 순상각손 누계액 및 총장부금액 [축]	ifrs-full: CarryingAmountAccumulatedDepreciationAmortisationAndImpairmentAndGrossCarryingAmountAxis	
FD4	장부금액 [구성요소]	ifrs-full: CarryingAmountMember	
FD5	공시금액 [구성요소]	dart: ReportedAmountMember	
FD2	기타자산에 대한 공시 [항목]	dart: DisclosureOfOtherAssetsLineItems	
FD3	단기금융상품	entity00115676: ShortTermFinancialInstrumentsOfDisclosureOfOtherAssetsLineItemsOfDisclosureOfOtherAss	확장
FD3	유동성장기금융상품	entity00115676: CurrentPortionOfLongTermDepositsNotClassifiedAsCashEquivalentsOfDisclosureOfOtherAsse	확장
FD3	장기금융상품	dart: LongTermDepositsNotClassifiedAsCashEquivalents	
FD3	합계	entity00115676: TotalOfDisclosureOfOtherAssetsLineItemsOfDisclosureOfOtherAssetsTableOfItems	확장

XBRL 편집기를 통해 작성되어, 최종 공시된 XBRL 주석은 아래와 같다.

기타 금융자산

당기 (단위: 원)

	공시금액
단기금융상품	63,559,452,166
유동성장기금융상품	29,656,200
장기금융상품	17,500,000
합계	63,606,608,366

전기 (단위: 원)

	공시금액
단기금융상품	0
유동성장기금융상품	0
장기금융상품	59,609,747,900
합계	59,609,747,900

자산의 공정가치에 대한 표는 아래와 같이 매핑이 되어 있다.

계층	한글명	ID명	설명
FD0	[D822305b] [D822305] 9. 기타 금융자산과 기타 유동자산 – 연결	[D822305] Notes – Other financial assets and Other current assets – Consolidated financial statements	[D822305b] [D822305] 9. 기타 금융자산과 기타 유동자산 – 연결	[D822305] Notes – Other financial assets and Other current assets – Consolidated financial statements	
FD1	기타유동자산 [개요]	entity00115676: Title20239129 34893Abstract	확장
FD2	기타유동자산	entity00115676: OtherCurrentAssetsTable	확장
FD3	장부금액, 감가상각누계액, 상각누계액 및 손 상차손누계액 및 총장부금액 [축]	ifrs-full: CarryingAmountAccumulatedDepreciationAmortisationAndImpairm entAndGrossCarryingAmountAxis	
FD4	장부금액 [구성요소]	ifrs-full: CarryingAmountMember	
FD5	공시금액 [구성요소]	dart: ReportedAmountMember	
FD2	기타유동자산 [항목]	entity00115676: Title20239129348246LineItems	확장
FD3	부가세대급금	entity00115676: PrepaidValueAddedTaxOfOtherCurrentAssetsOfOtherCurr entAssetsTableOfItems	확장
FD3	선급금	ifrs-full: Prepayments	
FD3	합계	entity00115676: TotalOfOtherCurrentAssetsOfOtherCurrentAssetsTableOfItems	확장

XBRL 편집기를 통해 작성되어, 최종 공시된 XBRL 주석은 아래와 같다.

기타 유동자산

당기

(단위: 원)

	공시금액
부가세대급금	13,134,032,664
선급금	518,926,338
합계	13,652,959,002

전기

(단위: 원)

	공시금액
부가세대급금	18,891,597,557
선급금	1,067,434,666
합계	19,959,032,223

공시사례 11. 기타 충당부채, 우발부채 및 우발자산

사례11의 '23년 별도 감사보고서의 우발부채 및 우발자산 관련 약정사항 주석은 아래와 같다.

34. 우발부채와 약정사항

- 당기 말 현재 당사가 체결하고 있는 당좌차월약정 등의 약정한도 금액과 실행액의 내역은 다음과 같습니다.

(원화: 백만 원, 어화: 천USD)

구분	금융기관	약정한도액	실행액
당좌차월	한국산업은행	120,000	46,188
Usance 등	한국산업은행 등	USD 545,925	USD 162,860
일반대출 등	한국산업은행 등	442,279	387,279
신디케이티드론	한국산업은행 등	207,984	207,984
선물환보증	하나은행 등	USD 25,756	USD 2,360

• 당기 말 현재 당사는 임원, 하자 등 손해배상과 관련하여 서울보증보험(주)과 66,415백만 원의 계약이행보증보험과 30,160백만 원의 신용보증보험 계약을 체결하고 있습니다. 또한 건재사업부의 영업 양도/양수 계약에 의해 자본제공자들 및 전문건설공제조합 출자금이 KG이엔씨(주)로 이관됨에 따라 자본제공자로부터 제공받던 지급보증은 KG이엔씨(주)로 전액 이관되었고, 전문건설공제조합으로부터 제공받던 지급보증은 해당 보증채임 소멸시까지 체임이 지속되며, 보증 잔액은 955백만 원입니다. 한편, 당사는 한국수산업은행 등의 신디케이티드론 차입금(당기 말 차입금 금액: 207,984백만 원)과 관련하여 전 대표이사(김준기)로부터 연대보증을 제공받고 있습니다.

• 당기 말 현재 당사는 한국가스공사(주)와 독점규제 및 공정거래에 관한 법률 위반과 관련하여 당사를 포함한 6개사를 피고로 한 손해배상소송이 법원에 계류 중이며(소송 가액 44,487백만 원), 이외 당사가 피고로 계류 중인 1건의 소송사건(관련 금액 8,300백만 원)이 있습니다. 당기 말 현재 당사는 동 소송의 결과를 합리적으로 예측할 수가 없습니다.

• 당사는 2022년 12월에 당진 열연공장 전기로 설비를 Liberty Galati S.A.에게 USD 68백만에 매각하였습니다. 2024년 2월 매수자의 모든 권리의무는 Liberty Primary Metals Australia Pty Limited로 승계되었고 매수

자는 옐렌 전기로 설비 양수 권리하에 재가동 옵션을 보유하고 있어 매각대금은 증가될 수 있으며, 해당 옵션의 행사기한은 2024년 3월 29일입니다.

사례11의 '23년 사업보고서상의 우발부채 및 약정사항 XBRL 주석은 문장영역과 각각의 표로 매핑 내역이 구분된다. 문장영역은 아래와 같이 매핑이 되어 있다.

계층	한글명	ID명	설명
FD0	[D827575] 34. 우발부채와 약정사항 | 34. Contingent liabilities and covenants	[D827575] 34. 우발부채와 약정사항 | 34. Contingent liabilities and covenants	주석 제목
FD1	기타충당부채, 우발부채 및 우발자산에 대한 공시 [문장영역]	ifrs-full: DisclosureOfOtherProvisionsConting entLiabilitiesAndContingentAssetsExplanatory	주석 개요
FD2	약정에 대한 공시 [문장영역]	entity00115676: DisclosureOfTheAgreementT extBlock	[D827575b] 문장영역
FD2	우발부채에 대한 공시 [문장영역]	ifrs-full: DisclosureOfContingentLiabilitiesExpl anatory	[D827575c] 문장영역

계층	한글명	ID명	설명
FD2	기타 약정사항	entity00115676: OtherAgreements	당사는 한국산업은행 등의 신디케이티드론 차입금(당기 말 차입 금액 : 207,984백만 원)과 관련하여 전 대표이사(김준기)로부터 연대보증을 제공받고 있습니다. 당사는 2022년 12월에 당진 열연공장 전기로 설비를 Liberty Galati S.A.에게 USD 68백만에 매각하였습니다. 2024년 2월 매수자의 모든 권리의무는 Liberty Primary Metals Australia Pty Limited로 승계되었고 매수자는 열연 전기로 설비 양수 관련하여 재가동 옵션을 보유하고 있어 매각대금은 증가될 수 있으며, 해당 옵션의 행사기한은 2024년 3월 29일입니다.

약정에 대한 표는 아래와 같이 매핑이 되어 있다.

계층	한글명	ID명	설명
FD0	[D827575b] 주석 – 기타[충당부채, 우발부채 및 우발자산에 대한 주석 – 연결	Notes – Other provisions, contingent liabilities and contingent assets – Consolidated financial statements	[D827575b] 주석 – 기타 충당부채, 우발부채 및 우발자산에 대한 주석 – 연결	Notes – Other provisions, contingent liabilities and contingent assets – Consolidated financial statements	
FD1	약정에 대한 공시[개요]	entity00115676: Title202438175455229Abstract	확장
FD2	약정에 대한 공시	entity00115676: DisclosureOfTheAgreementTable	확장

단숨에 배우는 XBRL

FD3	금융약정	entity00115676:AFinanciallnstitutionAgreementOfDisclosureOfTheAgreementOfAxis	확장
FD4	금융약정 종류	entity00115676: AfinanciallnstitutionAgreementOfDisclosureOfTheAgreementTableOfMember	확장
FD5	당좌차월	entity00115676: OverdraftOfAFinanciallnstitutionAgreementOfDisclosureOfTheAgreementTableOfMember	확장
FD5	Usance 등	entity00115676: UsanceEtcOfAFinanciallnstitutionAgreementOfDisclosureOfTheAgreementTableOfMember	확장
FD5	일반대출 등	entity00115676: GeneralLoansEtcOfAFinanciallnstitutionAgreementOfDisclosureOfTheAgreementTableOfMember	확장
FD5	신디케이티드론	entity00115676: SyndicatedLoanOfAFinanciallnstitutionAgreementOfDisclosureOfTheAgreementTableOfMember	확장
FD5	선물환보증	entity00115676: ForwardExchangeGuaranteeOfAFinanciallnstitutionAgreementOfDisclosureOfTheAgreementTableOfMember	확장
FD3	정보를 표시하는 통화 [축]	ifrs-full: CurrencyInWhichInformationIsDisplayedAxis	
FD4	기능통화 또는 표시통화 [구성요소]	ifrs-full: FunctionalOrPresentationCurrencyMember	
FD5	원화 [구성요소]	dart: KRWMember	
FD5	USD [구성요소]	dart: USDMember	
FD2	금융기관 약정한도 및 실행액	entity00115676: Title2024381754555538LineItems	확장
FD3	약정한도액	entity00115676: ContractLimitAmountOfAFinanciallnstitutionAgreementOfDisclosureOfTheAgreementOfl	확장
FD3	약정실행액	entity00115676: ContractExecutionAmountOfAFinanciallnstitutionAgreementOfDisclosureOfTheAgreementTabl	확장

XBRL 편집기를 통해 작성(행렬 바꾸기 포함)되어, 최종 공시된 XBRL 주석은 아래와 같다.

약정에 대한 공시

(단위: 원)

금융약정 종류		기능통화 또는 표시통화		약정한도액	약정실행액
	담보차월	원화		120,000,000,000	46,187,718,192
		USD			
	Usance 등	원화			162,859,739
		USD		545,925,490	
	일반매출 등	원화		442,279,378,223	387,279,378,223
		USD			
	신디케이티드론	원화		207,983,820,469	207,983,820,469
		USD			
	선물환보증	원화			2,360,000
		USD		25,755,545	

우발부채에 대한 표는 아래와 같이 매핑이 되어 있다.

계층	한글명	ID명	설명
FD0	[D827575c] [D827575] 35. 기타 충당부채, 우발부채 및 우발자산에 대한 주석 – 연결 | Notes – Other provisions, contingent liabilities and contingent assets – Consolidated financial statements	[D827575c] [D827575] 35. 기타 충당부채, 우발부채 및 우발자산에 대한 주석 – 연결 | Notes – Other provisions, contingent liabilities and contingent assets – Consolidated financial statements	34. 우발부채 및 약정사항 (2)와 (3)을 표로 매핑
FD1	우발부채에 대한 공시 [개요]	ifrs-full: DisclosureOfContingentLiabilitiesAbstract	
FD2	우발부채에 대한 공시 [표]	ifrs-full: DisclosureOfContingentLiabilitiesTable	
FD3	우발부채의 분류 [축]	ifrs-full: ClassesOfContingentLiabilitiesAxis	
FD4	우발부채 [구성요소]	ifrs-full: ContingentLiabilitiesMember	
FD5	법적소송우발부채 [구성요소]	ifrs-full: LegalProceedingsContingentLiabilityMember	
FD5	보증 관련 우발부채 [구성요소]	ifrs-full: ContingentLiabilityForGuaranteesMember	
FD6	지급보증계약	entity00115676: PaymentGuaranteeContractOfContingentLiabilityForGuaranteesMemberOfDisclosureOfConting	확장
FD6	금융보증계약 [구성요소]	ifrs-full: FinancialGuaranteeContractsMember	

FD6	보증보험	entity00115676: WarrantyInsuranceOfConting entLiabilityForGuaranteesMemberOfDisclosur eOfContingentLiab	확장
FD2	우발부채에 대한 공시 [항목]	ifrs-full: DisclosureOfContingentLiabilitiesLine Items	
FD3	의무의 성격에 대한 기술, 우발부채	ifrs-full: DescriptionOfNatureOfObligationCont ingentLiabilities	
FD3	유출될 경제적효익의 금액과 시기에 대한 불확실성 정 도, 우발부채	ifrs-full: IndicationOfUncertaintiesOfAmountO rTimingOfOutflowsContingentLiabilities	
FD3	우발부채의 추정재무영향	ifrs-full: EstimatedFinancialEffectOfContingen tLiabilities	
FD3	우발부채의 측정된 재무적 영향의 추정금액에 대한 설명	ifrs-full: ExplanationOfFinancialEffectOfContin gentLiabilities	

XBRL 편집기를 통해 작성(행렬 바꾸기 포함)되어, 최종 공시된 XBRL 주석은 아래와 같다.

우발부채에 대한 공시

(단위: 원)

| | | 우발부채 | | |
| | 법적소송 우발부채 | 지급보증계약 | 보증 관련 우발부채 | |
			금융보증계약	보증보험
의무의 성격에 대한 기술, 우발부채	공정거래에 관한 법률 위반 등	해외종속기업의 자금조달	신용보증	임차, 하자 등 손해배상 관련 보증보험 계약
유출될 경제적 효익의 금액과 시기에 대한 불확실성 정도, 우발부채	불확실	불확실	불확실	불확실
우발부채의 추정재무영향	52,786,726,451	19,341,000,000	954,927,710	96,574,676,184
우발부채의 측정된 재무적 영향의 추정금액에 대한 설명	소송가액	지급보증계약금액	신용보증 금액	보증보험계약금액

공시사례 12. 종업원급여

사례12의 '23년 별도 감사보고서의 종업원급여(퇴직급여) 주석은 아래와 같다.

19. 퇴직급여

- 당기 및 전기 중 순확정급여부채의 변동은 다음과 같습니다.

(단위: 천원)

구분	당기	전기
순확정급여부채의 변동		
기초금액	4,579,606	9,369,256
퇴직급여 지급액	(176,208)	(1,584)
사외적립자산 납입	(5,500,000)	(6,300,036)
관계회사 전출입액	236,488	718,693
당기손익으로 인식하는 총비용	4,739,109	5,090,565

	당기	전기
재측정요소(법인세 차감 전)	1,844,566	(4,297,288)
기말금액	5,723,561	4,579,606
재무상태표상 구성항목:		
- 확정급여채무의 현재가치	40,943,435	35,987,093
- 사외적립자산의 공정가치	(35,219,874)	(31,407,487)
합 계	5,723,561	4,579,606

• 당기 및 전기 중 확정급여제도와 관련하여 인식된 손익은 다음과 같습니다.

(단위: 천원)

구 분	당 기	전 기
당기근무원가	4,575,894	4,879,262
순확정급여부채의 순이자	163,215	211,303
합 계	4,739,109	5,090,565

• 당기 및 전기 중 확정급여채무의 현재가치 변동내역은 다음과 같습니다.

(단위: 천원)

구분	당기	전기
기초금액	35,987,093	36,507,933
급여비용		
- 당기근무원가	4,575,894	4,879,262
- 확정급여채무의 이자원가	1,587,310	879,755
소 계	6,163,204	5,759,017
관계회사 전출입액	494,009	642,375
확정급여채무의 재측정요소(법인세 차감 전)		
- 인구통계학적 가정의 변동에서 발생하는 보험수리적 손익	66,102	–
- 재무적 가정의 변동에서 발생하는 보험수리적 손익	1,331,567	(4,912,524)
- 경험조정	223,380	304,768
소 계	1,621,049	(4,607,756)
퇴직급여지급액	(3,321,920)	(2,314,476)
기말금액	40,943,435	35,987,093

- 당기 및 전기 중 사외적립자산의 공정가치 변동은 다음과 같습니다.

(단위: 천원)

구 분	당 기	전 기
기초금액	31,407,487	27,138,677
기여금납입액	5,500,000	6,300,036
사외적립자산의 이자수익	1,424,095	668,452
재측정요소(법인세 차감 전)	(223,517)	(310,468)
관계회사 전출입액	257,521	(76,318)
지급액	(3,145,712)	(2,312,892)
기말금액	35,219,874	31,407,487

- 당기 및 전기 중 기타 포괄손익으로 인식된 재측정요소는 다음과 같습니다.

(단위: 천원)

구 분	당 기	전 기
법인세 차감 전 재측정요소	(1,844,566)	4,297,287
법인세효과	426,094	(992,673)

| 법인세 차감 후 재측정요소 | (1,418,472) | 3,304,614 |

(단위: 천원)

- 보고기간종료일 현재 보험수리적 평가를 위하여 사용된 주요 주정은 다음과 같습니다.

구 분	당기말	전기말
할인율	4.47%	5.29%
기대임금상승률	4.13%	4.23%

- 보고기간종료일 현재 당사의 사외적립자산 구성내역은 다음과 같습니다.

(단위: 천원)

구 분	당기말	전기말
1년 정기예금	35,210,349	31,397,962
기타	9,525	9,525
합 계	35,219,874	31,407,487

- 당기 보고기간종료일 현재 유의적인 보험수리적 가정에 대한 민감도 분석은 다음과 같습니다.

단숨에 배우는 XBRL

(단위: 천원)

구 분	가정의 변동폭	확정급여채무에 대한 영향	
		가정이 증가로 인한 영향	가정이 감소로 인한 영향
할인율	1% 포인트	(2,190,305)	2,484,304
기대임금상승률	1% 포인트	2,499,055	(2,242,214)

상기 민감도 분석은 당기 보고기간종료일 현재 유의적인 보험수리적 가정이 발생가능한 합리적인 범위 내에서 변동한다면 확정급여채무에 미치게 될 영향을 추정한 방법에 기초한 것입니다.

사례12의 '23년 사업보고서상의 퇴직급여 XBRL 주석은 문장영역과 각각의 표로 매핑 내역이 구분된다.
문장영역은 아래와 같이 매핑이 되어 있다.

계층	한글명	ID명	설명
FD0	[D834485] 19. 퇴직급여 | Notes – Employee benefits – Separated financial statements	[D834485] 19. 퇴직급여 | Notes – Employee benefits – Separated financial statements	주석 제목
FD1	종업원급여에 대한 공시 [문장영역]	ifrs-full: DisclosureOfEmployeeBenefitsExplanatory	종업원급여에 대한 공시 [문장영역]
FD2	확정급여제도에 대한 정보 공시[개요]	ifrs-full: DisclosureOfInformationAboutDefinedBenefitPlansAbstract	확정급여제도에 대한 정보 공시 [개요]
FD3	순확정급여부채(자산)에 대한 공시 [문장영역]	ifrs-full: DisclosureOfNetDefinedBenefitLiabilityAssetExplanatory	[D834485a] 문장영역
FD2	당기손익에 포함되는 퇴직급여비용에 대한 공시 [표][문장영역]	entity00115977: DisclosureOfPostEmploymentBenefitExpenseInProfitOrLossTableTextBlock	[D834485b] 문장영역
FD2	기타포괄손익, 확정급여제도 재측정이익(손실)에 대한 공시 [개요][문장영역]	entity00115977: DisclosureOfOtherComprehensiveIncomeGainsLossesOnRemeasurementsOfDefinedBenefitPlansT	[D834485c] 문장영역
FD2	보험수리적 가정의 민감도 분석에 대한 공시 [문장영역]	ifrs-full: DisclosureOfSensitivityAnalysisForActuarialAssumptionsExplanatory	[D834485d] 문장영역
FD2	사외적립자산의 공정가치에 대한 공시 [문장영역]	ifrs-full: DisclosureOfFairValueOfPlanAssetsExplanatory	[D834485e] 문장영역

순화정급여부채(자산)에 대한 표는 아래와 같이 매핑이 되어 있다.

계층	한글명	ID명	설명
FD0	[D834485a] 주석 – 종업원급여 – 연결 | Notes – Employee benefits – Consolidated financial statements	[D834485a] 주석 – 종업원급여 – 연결 | Notes – Employee benefits – Consolidated financial statements	
FD1	순확정급여부채(자산)에 대한 공시 [개요]	ifrs-full: DisclosureOfNetDefinedBenefitLiabilityAssetAbstract	
FD2	순확정급여부채(자산)에 대한 공시 [표]	ifrs-full: DisclosureOfNetDefinedBenefitLiabilityAssetTable	
FD3	순확정급여부채(자산) [축]	ifrs-full: NetDefinedBenefitLiabilityAssetAxis	
FD4	순확정급여부채(자산) [구성요소]	ifrs-full: NetDefinedBenefitLiabilityAssetMember	
FD5	확정급여채무의 현재가치 [구성요소]	ifrs-full: PresentValueOfDefinedBenefitObligationMember	
FD5	사외적립자산 [구성요소]	ifrs-full: PlanAssetsMember	
FD2	순확정급여채무(자산)의 공시 [항목]	ifrs-full: DisclosureOfNetDefinedBenefitLiabilityAssetLineItems	
FD3	순확정급여부채(자산)	ifrs-full: LiabilityAssetOfDefinedBenefitPlans	기초, 기말
FD3	제도에서 지급한 금액, 순확정급여부채(자산)	ifrs-full: PaymentsFromPlanNetDefinedBenefitLiabilityAsset	
FD3	제도에 납입한 기여금, 순확정급여부채(자산)	ifrs-full: ContributionsToPlanNetDefinedBenefitLiabilityAsset	
FD3	당기손익으로 인식된 비용(수익)으로 인한 순확정급여부채(자산)의 증가(감소)	ifrs-full: IncreaseDecreaseInNetDefinedBenefitLiabilityAssetResultingFromExpenseIncomeInProfitOrLoss	
FD4	당기근무원가, 순확정급여부채(자산)	ifrs-full: CurrentServiceCostNetDefinedBenefitLiabilityAsset	

FD4	이자비용(수익), 순확정급여부채(자산)	ifrs-full: InterestExpenseIncomeNetDefinedBenefitLiabilityAsset	
FD3	관계사 전입 및 전출로 인한 증가(감소), 순확정급여부채(자산)	entity00115977: IncreaseDecreaseInNetDefinedBenefitLiabilityAsset ResultingFromTransferFromAffilitates	확장
FD3	재측정이익(손실), 순확정급여채무(자산)	ifrs-full: GainLossOnRemeasurementOfNetDefinedBenefitLiabilityAsset	
FD4	이자에 포함된 금액을 제외한 사외적립자산의 수익, 순확정급여부채(자산)	ifrs-full: ReturnOnPlanAssetsNetDefinedBenefitLiabilityAsset	
FD4	인구통계적 가정의 변동에서 발생하는 보험수리적 이익(손실), 순확정급여부채(자산)	ifrs-full: ActuarialGainsLossesArisingFromChangesInDemographicAssumptionsNetDefinedBenefitLiabilityAs	
FD4	재무적 가정의 변동에서 발생하는 보험수리적 이익(손실), 순확정급여부채(자산)	ifrs-full: ActuarialGainsLossesArisingFromChangesInFinancialAssumptionsNetDefinedBenefitLiabilityAsset	
FD4	경험조정에서 발생하는 보험수리적 이익(손실), 순확정급여부채(자산)	ifrs-full: ActuarialGainsLossesArisingFromExperienceAdjustmentsNetDefinedBenefitLiabilityAsset	
FD3	확정급여채무, 현재가치	ifrs-full: DefinedBenefitObligationAtPresentValue	
FD3	사외적립자산, 공정가치	ifrs-full: PlanAssetsAtFairValue	
FD3	초과적립액(과소적립액)	ifrs-full: SurplusDeficitInPlan	

XBRL 편집기를 통해 작성되어, 최종 공시된 XBRL 주석은 아래와 같다.

당기

(단위: 천원)

	확정급여채무의 현재가치	사외적립자산	순확정급여부채(자산) 합계
기초금액	35,987,093	(31,407,487)	4,579,606
퇴직급여 지급액	3,321,920	(3,145,712)	176,208
사외적립자산 납입액		5,500,000	5,500,000
당기손익으로 인식하는 총비용	6,163,204	0	4,739,109
- 당기근무원가	4,575,894		
- 확정급여부채의 이자원가	1,587,310	(1,424,095)	
관계회사 전출입액	494,009	(257,521)	236,488
확정급여채무의 재측정요소 (법인세 차감 전)	(1,621,049)	(223,517)	(1,844,566)
확정급여채무의 재측정요소 (법인세 차감 전) 재측정요소(법인세 차감 전)		0	
- 인구통계학적가정의 변동에서 발생하는 보험수리적 손익	(66,102)		
- 재무적 가정의 변동에서 발생하는 보험수리적 손익	(1,331,567)		
- 경험조정	(223,380)		

	확정급여채무의 현재가치	사외적립자산	순확정급여부채(자산) 합계
기말금액	40,943,435	(35,219,874)	5,723,561
- 확정급여채무의 현재가치			40,943,435
- 사외적립자산의 공정가치			35,219,874
합계			(5,723,561)

(단위: 천원)

전기

	확정급여채무의 현재가치	사외적립자산	순확정급여부채(자산) 합계
기초금액	36,507,933	(27,138,677)	9,369,256
퇴직급여 지급액	2,314,476	(2,312,892)	1,584
사외적립자산 납입액		6,300,036	6,300,036
당기손익으로 인식하는 총비용	5,759,017	0	5,090,565
- 당기근무원가	4,879,262		
- 확정급여부채의 이자원가	879,755	(668,452)	
관계회사 전출입액	642,375	76,318	718,693
확정급여채무의 재측정요소(법인세 차감 전)	4,607,756	(310,468)	4,297,288
재측정요소(법인세 차감 전)		0	
- 인구통계학적가정의 변동에서 발생하는 보험수리적 손익	0		
- 재무적 가정의 변동에서 발생하는 보험수리적 손익	4,912,524		

	- 경험조정		
기말금액	(304,768)	(31,407,487)	4,579,606
- 확정급여채무의 현재가치	35,987,093		35,987,093
- 사외적립자산의 공정가치			31,407,487
합계			(4,579,606)

당기손익에 포함되는 퇴직급여비용에 대한 표는 아래와 같이 매핑이 되어 있다.

계층	한글명	ID명	설명
FD0	[D834485b] 주석 – 종업원급여 – 연결 I Notes – Employee benefits – Consolidated financial statements	[D834485b] 주석 – 종업원급여 – 연결 I Notes – Employee benefits – Consolidated financial statements	
FD1	당기손익에 포함되는 퇴직급여비용에 대한 공시 [표] [개요]	entity00115977: Title202427124058241Abstract	확장
FD2	당기손익에 포함되는 퇴직급여비용에 대한 공시	entity00115977: DisclosureOfPostEmploymentBenefitExpenseInProfitOrLossTable	확장
FD3	장부금액, 감가상각누계액, 상각누계액 및 손상차손누계액 및 총장부금액 [축]	ifrs-full: CarryingAmountAccumulatedDepreciationAmortisationAndImpairmentAndGrossCarryingAmountAxis	
FD4	장부금액 [구성요소]	ifrs-full: CarryingAmountMember	
FD5	공시금액 [구성요소]	dart: ReportedAmountMember	
FD2	당기손익에 포함되는 퇴직급여비용에 대한 공시 [항목]	entity00115977: Title202427124058576LineItems	확장
FD3	당기근무원가, 확정급여제도	ifrs-full: CurrentServiceCostDefinedBenefitPlans	
FD3	이자비용(수익), 확정급여제도	ifrs-full: InterestExpenseIncomeDefinedBenefitPlans	
FD3	퇴직급여비용, 확정급여제도	ifrs-full: PostemploymentBenefitExpenseDefinedBenefitPlans	

XBRL 편집기를 통해 작성되어, 최종 공시된 XBRL 주석은 아래와 같다.

당기

(단위: 천원)

	공시금액
당기근무원가	4,575,894
순확정급여부채의 순이자	163,215
합 계	4,739,109

전기

(단위: 천원)

	공시금액
당기근무원가	4,879,262
순확정급여부채의 순이자	211,303
합 계	5,090,565

기타 포괄손익, 확정급여제도 재측정이익(손실)에 대한 표는 아래와 같이 매핑이 되어 있다.

계층	한글명	ID명	설명
FD0	[D834485c] 주석 – 종업원급여 – 연결 ǀ Notes – Employee benefits – Consolidated financial statements	[D834485c] 주석 – 종업원급여 – 연결 ǀ Notes – Employee benefits – Consolidated financial statements	
FD1	기타표괄손익, 확정급여제도 재측정이익(손실)에 대한 공시 [개요]	entity00115977: Title20242819232189Abstract	확장
FD2	기타표괄손익, 확정급여제도 재측정이익(손실)에 대한 공시	entity00115977: DisclosureOfOtherComprehensiveIncomeGainsLossesOnRemeasurementsOfDefinedBenefitPlansT	확장
FD3	장부금액, 감가상각 누계액, 상각 누계액 및 손상차손 누계액 및 총장부금액 [축]	ifrs–full: CarryingAmountAccumulatedDepreciationAmortisationAndImpairmentAndGrossCarryingAmountAxis	
FD4	장부금액 [구성요소]	ifrs–full: CarryingAmountMember	
FD5	공시금액 [구성요소]	dart: ReportedAmountMember	
FD2	기타포괄손익, 확정급여제도 재측정이익(손실)에 대한 공시 [항목]	entity00115977: Title202428192325115LineItems	확장
FD3	세전 기타 포괄손익, 확정급여제도의 재측정차익(차손)	ifrs–full: OtherComprehensiveIncomeBeforeTaxGainsLossesOnRemeasurementsOfDefinedBenefitPlans	
FD3	기타포괄손익에 포함되는, 확정급여제도와 재측정에 관련되는 법인세	ifrs–full: IncomeTaxRelatingToRemeasurementsOfDefinedBenefitPlansOfOtherComprehensiveIncome	
FD3	세후 기타 포괄손익, 확정급여제도의 재측정순익	ifrs–full: OtherComprehensiveIncomeNetOfTaxGainsLossesOnRemeasurementsOfDefinedBenefitPlans	

XBRL 편집기를 통해 작성되어, 최종 공시된 XBRL 주석은 아래와 같다.

당기

(단위: 천원)

	공시금액
법인세 차감 전 재측정요소	(1,844,566)
법인세효과	426,094
법인세 차감 후 재측정요소	1,418,472

전기

(단위: 천원)

	공시금액
법인세 차감 전 재측정요소	4,297,287
법인세효과	(992,673)
법인세 차감 후 재측정요소	(3,304,614)

보험수리적 가정의 민감도분석에 대한 표는 아래와 같이 매핑이 되어 있다.

계층	한글명	ID명	설명
FD0	[D834485d] 주석 – 종업원급여 – 연결 | Notes – Employee benefits – Consolidated financial statements	[D834485d] 주석 – 종업원급여 – 연결 | Notes – Employee benefits – Consolidated financial statements	
FD1	보험수리적 가정의 민감도분석에 대한 공시 [개요]	ifrs-full: DisclosureOfSensitivityAnalysisForActuarialAssumptionsAbstract	
FD2	보험수리적 가정의 민감도분석에 대한 공시 [표]	ifrs-full: DisclosureOfSensitivityAnalysisForActuarialAssumptionsTable	
FD3	보험수리적 가정 [축]	ifrs-full: ActuarialAssumptionsAxis	
FD4	보험수리적 가정 [구성요소]	ifrs-full: ActuarialAssumptionsMember	
FD5	할인율에 대한 보험수리적 가정 [구성요소]	ifrs-full: ActuarialAssumptionOfDiscountRatesMember	
FD5	미래임금상승률에 대한 보험수리적 가정 [구성요소]	ifrs-full: ActuarialAssumptionOfExpectedRatesOfSalaryIncreasesMember	
FD2	보험수리적 가정의 민감도분석에 대한 공시 [항목]	ifrs-full: DisclosureOfSensitivityAnalysisForActuarialAssumptionsLineItems	
FD3	할인율에 대한 보험수리적 가정	ifrs-full: ActuarialAssumptionOfDiscountRates	
FD3	미래임금상승률에 대한 보험수리적 가정	ifrs-full: ActuarialAssumptionOfExpectedRatesOfSalaryIncreases	

FD3	보험수리적 가정의 합리적인 범위 내에서의 발생가능한 증가율	ifrs-full: PercentageOfReasonablyPossibleIncreaseInActuarialAssumption
FD3	보험수리적 가정의 합리적인 범위 내에서의 발생가능한 증가로 인한 확정급여부채의 증가(감소)	ifrs-full: IncreaseDecreaseInDefinedBenefitObligationDueToReasonablyPossibleIncreaseInActuarialAssump
FD3	보험수리적 가정의 합리적인 범위 내에서의 발생가능한 감소율	ifrs-full: PercentageOfReasonablyPossibleDecreaseInActuarialAssumption
FD3	보험수리적 가정의 합리적인 범위 내에서의 발생가능한 감소로 인한 확정급여채무의 증가(감소)	ifrs-full: IncreaseDecreaseInDefinedBenefitObligationDueToReasonablyPossibleDecreaseInActuarialAssump
FD3	보험수리적 가정의 민감도분석을 수행하는데 사용된 방법과 가정의 변동에 대한 기술	ifrs-full: DescriptionOfChangesInMethodsAndAssumptionsUsedInPreparingSensitivityAnalysisForActuarialA

XBRL 편집기를 통해 작성되어, 최종 공시된 XBRL 주석은 아래와 같다.

당기

(단위: 천원)

	할인율에 대한 보험수리적 가정	미래임금상승률에 대한 보험수리적 가정	보험수리적 가정 합계
할인율	0.0447		
기대임금상승률		0.0413	
보험수리적 가정이 합리적인 범위 내에서의 발생가능한 증가율	0.01	0.01	
보험수리적 가정이 합리적인 범위 내에서의 발생가능한 증가로 인한 확정급여부채의 증가(감소)	(2,190,305)	2,499,055	
보험수리적 가정이 합리적인 범위 내에서의 발생가능한 감소율	0.01	0.01	
보험수리적 가정이 합리적인 범위 내에서의 발생가능한 감소로 인한 확정급여채무의 증가(감소)	2,484,304	(2,242,214)	
보험수리적 가정의 민감도분석을 수행하는데 사용된 방법과 가정의 변동에 대한 기술			상기 민감도분석은 당기 보고기간종료일 현재 유의적인 보험수리적 가정이 발생가능한 합리적인 범위 내에서 변동한다면 확정급여채무에 미치게 될 영향을 측정한 방법에 기초한 것입니다.

전기

(단위: 천원)

	할인율에 대한 보험수리적 가정	미래임금상승률에 대한 보험수리적 가정	보험수리적 가정 합계
할인율	0.0529		
기대임금상승률		0.0423	
보험수리적 가정의 합리적인 범위 내에서의 발생가능한 증가율			
보험수리적 가정의 합리적인 범위 내에서의 발생가능한 증가로 인한 확정급여부채의 증가(감소)			
보험수리적 가정의 합리적인 범위 내에서의 발생가능한 감소율			
보험수리적 가정의 합리적인 범위 내에서의 발생가능한 감소로 인한 확정급여채무의 증가(감소)			
보험수리적 가정의 민감도분석을 수행하는데 사용된 방법과 가정의 변동에 대한 기술			

순확정급여부채(자산)에 대한 표는 아래와 같이 매핑이 되어 있다.

계층	한글명	ID명	설명
FD0	[D834485e] 주석 – 종업원급여 – 연결	Notes – Employee benefits – Consolidated financial statements	[D834485e] 주석 – 종업원급여 – 연결	Notes – Employee benefits – Consolidated financial statements	
FD1	사외적립자산의 공정가치에 대한 공시 [개요]	ifrs-full: DisclosureOfFairValueOfPlanAssetsAbstract	
FD2	사외적립자산의 공정가치에 대한 공시 [표]	ifrs-full: DisclosureOfFairValueOfPlanAssetsTable	
FD3	장부금액, 감가상각 누계액, 상각 누계액 및 손상차손 누계액 및 총장부금액 [축]	ifrs-full: CarryingAmountAccumulatedDepreciationAmortisationAndImpairmentAndGrossCarryingAmountAxis	
FD4	장부금액 [구성요소]	ifrs-full: CarryingAmountMember	
FD5	공시금액 [구성요소]	dart: ReportedAmountMember	
FD2	사외적립자산의 공정가치에 대한 공시 [항목]	ifrs-full: DisclosureOfFairValueOfPlanAssetsLineItems	
FD3	1년 정기예금, 전체 사외적립자산에서 차지하는 금액	entity00115977: OneYearTermDepositsAmountContributedToFairValueOfPlanAssetsAmountsOfDisclosureOfFairValueOfP	확장
FD3	그 밖의 자산, 전체 사외적립자산에서 차지하는 금액	ifrs-full: OtherAssetsAmountContributedToFairValueOfPlanAssets	
FD3	사외적립자산, 공정가치	ifrs-full: PlanAssetsAtFairValue	

XBRL 편집기를 통해 작성되어, 최종 공시된 XBRL 주석은 아래와 같다.

당기

(단위: 천원)

	공시금액
1년 정기예금	35,210,349
기타	9,525
합계	35,219,874

전기

(단위: 천원)

	공시금액
1년 정기예금	31,397,962
기타	9,525
합계	31,407,487

공시사례 13. 법인세

사례13의 '23년 별도 감사보고서의 법인세(이연 법인세 및 법인세비용) 주석은 아래와 같다.

29. 이연 법인세 및 법인세비용

가. 당기 및 전기 중 법인세비용(이익)의 주요 구성내역은 다음과 같습니다.

(단위: 천원)

구분	당기	전기
당기법인세비용 :		
당기법인세부담액	52,266,103	63,882,975
과거기간의 당기법인세에 대하여 당기에 인식한 조정액	-	213,128
이연 법인세 비용 :		
일시적차이의 발생 및 소멸로 인한 금액	(77,907,080)	(6,659,307)
자본에 반영된 법인세 효과	3,289,648	(13,223,865)

| 법인세비용(수익) | | (22,351,329) | 44,212,931 |

(단위 : 천원)

나. 당기 및 전기의 회계이익(손실)과 법인세 비용(이익)간의 관계는 다음과 같습니다.

구 분	당 기	전 기
법인세 비용 차감 전 순이익(손실)	(72,906,025)	205,090,876
적용세율(당기 23.1%, 전기 24.2%)에 따른 법인세비용	(16,841,292)	49,631,992
조정사항 :		
비과세수익으로 인한 효과	(1,594,035)	(1,028,599)
비공제비용으로 인한 효과	903,931	840,443
세액공제 및 감면으로 인한 효과	(12,016)	(62,928)
과거기간 법인세 조정사항	-	213,128
세율 변경으로 인한 이연 법인세 변동	-	(5,532,806)
기타	(4,807,917)	151,701
당기손익으로 인식된 법인세비용(수익)	(22,351,329)	44,212,931
유효법인세율(법인세비용/법인세 비용 차감 전 순이익) (*)	-	21.56%

(*) 당기 부(-)의 법인세미용이 발생함에 따라, 유효세율을 산정하지 아니하였습니다.

다. 당기 및 전기 중 기타포괄손익으로 인식된 법인세의 내역은 다음과 같습니다.

(단위: 천원)

구 분	당기			전기		
	세전금액	세금효과	세후금액	세전금액	세금효과	세후금액
후속적으로 당기손익으로 재분류되지 않는 포괄손익						
기타포괄손익-공정가치측정금융자산 평가손익	2,704,959	(666,231)	2,038,728	9,389,462	(1,784,180)	7,605,282
순확정급여부채의 재측정요소	(14,437,353)	3,555,920	(10,881,433)	45,569,656	(11,070,145)	34,499,511
후속적으로 당기손익으로 재분류되는 포괄손익						
현금흐름위험회피 파생상품 평가손익	(1,505,368)	399,959	(1,105,409)	1,524,768	(369,540)	1,155,228
합 계	(13,237,762)	3,289,648	(9,948,114)	56,483,886	(13,223,865)	43,260,021

라. 당기 및 전기 중 이연 법인세의 변동내역은 다음과 같습니다.

단숨에 배우는 XBRL

당기 (단위 : 천원)

구 분	기초	당기손익 반영	자본에 직접반영	기말
퇴직급여부채	42,756,201	2,630,171	3,555,920	48,942,292
사외적립자산	(55,637,140)	161,360	–	(55,475,780)
미지급비용	1,472,890	68,101	–	1,540,991
기타포괄손익-공정가치금융자산 순상각손	5,243,772	–	–	5,243,772
무형자산 순상각손	746,119	–	–	746,119
감가상각비	486,724	(8,468)	–	478,256
충당부채	30,350,588	(1,349,225)	–	29,001,363
건설자금이자	(19,949,839)	344,705	–	(19,605,134)
기타포괄손익-공정가치금융자산 평가손익	(11,454,351)	–	(666,231)	(12,120,582)
종속기업 및 관계기업 투자주식	(54,077,997)	77,672,800	–	23,594,803
업축기정충당금	(39,601,452)	–	–	(39,601,452)
기타	11,137,688	(4,902,012)	399,959	6,635,635
합 계	(88,526,797)	74,617,432	3,289,648	(10,619,717)

전기 (단위: 천원)

구 분	기초	당기손익 반영	자본에 직접반영	기말
퇴직급여부채	53,409,027	417,319	(11,070,145)	42,756,201
사외적립자산	(54,281,277)	(1,355,863)	–	(55,637,140)
미지급비용	1,370,854	102,036	–	1,472,890
기타포괄손익-공정가치금융자산 순상차손	6,038,083	(794,311)	–	5,243,772
무형자산 순상차손	792,165	(46,046)	–	746,119
감가상각비	497,786	(11,062)	–	486,724
충당부채	26,727,746	3,622,842	–	30,350,588
건설자금이자	(21,655,641)	1,705,802	–	(19,949,839)
기타포괄손익-공정가치금융자산 평가손익	(9,670,171)	–	(1,784,180)	(11,454,351)
종속기업 및 관계기업 투자주식	(57,415,332)	3,337,335	–	(54,077,997)
압축기장충당금	(42,045,391)	2,443,939	–	(39,601,452)
기타	1,046,047	10,461,181	(369,540)	11,137,688
합 계	(95,186,104)	19,883,172	(13,223,865)	(88,526,797)

마. 당기 말 현재 이연 법인세부채(자산)로 인식하지 않은 가산할 일시적차이의 내역은 다음과 같습니다.

(단위: 천원)

구 분	당기 말
영업권	14,772,405
종속기업투자	110,208,732
합 계	124,981,137

사례13의 '23년 사업보고서상의 법인세(이연 법인세 및 법인세비용) XBRL 주석은 문장영역과 각각의 표로 매핑 내역이 구분된다.

문장영역은 아래와 같이 매핑이 되어 있다.

계층	한글명	ID명	설명
FD0	[D835115] 30. 이연 법인세 및 법인세비용 | Notes – Income taxes – Separated financial statements	[D835115] 30. 이연 법인세 및 법인세비용 | Notes – Income taxes – Separated financial statements	주석 제목
FD1	법인세에 대한 공시 [문장영역]	ifrs-full: DisclosureOfIncomeTaxExplanatory	법인세에 대한 공시 [문장영역]
FD2	법인세비용(수익)의 주요 구성요소 [문장영역]	dart: MajorComponentsOfTaxExpenseIncomeExplanatory	[D835115c] 문장영역
FD2	회계이익에 적용세율을 곱하여 산출한 금액에 대한 조정 [문장영역]	dart: ReconciliationOfAccountingProfitMultipliedByApplicableTaxRatesExplanatory	[D835115d] 문장영역
FD2	평균유효세율과 적용세율 간의 조정 [문장영역]	dart: ReconciliationOfAverageEffectiveTaxRateAndApplicableTaxRateExplanatory	[D835115e] 문장영역
FD3	각주: 평균유효세율과 적용세율 간의 조정	entity00428251: FootnoteReconciliationOfAverageEffectiveTaxRateAndApplicableTaxRate	(*) 당기 부(-)의 법인세(비용)이 발생함에 따라, 유효법인세율을 산정하지 아니하였습니다.
FD2	기타포괄손익의 각 구성요소와 관련된 법인세 [문장영역]	dart: IncomeTaxRelatingToComponentsOfOtherComprehensiveIncomeExplanatory	[D835115f] 문장영역

FD2	일시적차이에 대한 공시 [문장영역]	ifrs-full: DisclosureOfTemporaryDifference UnusedTaxLossesAndUnusedTaxCreditsEx planatory	[D835115g] 문장영역
FD2	이연 법인세자산과 부채의 내역	entity00428251: DetailsOfDeferredTaxAssets AndLiabilitiesTextBlock	[D835115h] 문장영역
FD2	이연 법인세부채(자산)로 인식하지 않은 일시적 차이[문장영역]	entity00428251: TemporaryDifferencesForWhi chNoDeferredTaxLiabilityAssetIsRecognisedT extBlock	[D835115i] 문장영역

법인세비용(수익)의 주요 구성요소에 대한 표는 아래와 같이 매핑이 되어 있다.

계층	한글명	ID명	설명
FD0	[D835115c] 주석 – 법인세 – 연결 | Notes – Income taxes – Consolidated financial statements	[D835115c] 주석 – 법인세 – 연결 | Notes – Income taxes – Consolidated financial statements	
FD1	법인세비용(수익)의 주요 구성요소 [개요]	ifrs-full: MajorComponentsOfTaxExpenseIncomeAbstract	
FD2	법인세비용(수익)의 주요 구성요소 [표]	dart: MajorComponentsOfTaxExpenseIncomeTable	
FD3	장부금액, 감가상각 누계액, 상각 누계액 및 손상차손 누계액 및 총장부금액 [축]	ifrs-full: CarryingAmountAccumulatedDepreciationAmortisationAndImpairmentAndGrossCarryingAmountAxis	
FD4	장부금액 [구성요소]	ifrs-full: CarryingAmountMember	
FD5	공시금액 [구성요소]	dart: ReportedAmountMember	
FD2	법인세비용(수익)의 주요 구성요소 [항목]	dart: MajorComponentsOfTaxExpenseIncomeLineItems	
FD3	당기법인세비용(수익)	ifrs-full: CurrentTaxExpenseIncome	
FD4	당기법인세부담액	entity00428251: CurrentTaxBurdenOfCurrentTaxExpenseIncomeOfMajorComponentsOfTaxExpenseIncomeTableOfit	확장
FD4	미환류세제 관련 당기법인세	entity00428251: CurrentTaxOnNonRecirculatedCorporateIncomeOfCurrentTaxExpenseIncomeOfMajorComponentsO	확장
FD4	과거기간의 당기법인세 조정	ifrs-full: AdjustmentsForCurrentTaxOfPriorPeriod	

단숨에 배우는 XBRL

FD3	이연 법인세(비용(수익)	ifrs-full: eferredTaxExpenseIncome
FD4	일시적차이의 발생과 소멸로 인한 이연 인세 비용(수익)	ifrs-full: eferredTaxExpenseIncomeRelatingToOriginationAndReversalOfTemporaryDifferences
FD4	기타포괄손익의 각 구성요소와 관련된 법인세	ifrs-full: ncomeTaxRelatingToComponentsOfOtherComprehensiveIncome
FD4	순외환차이에 의한 증가 (감소), 이연 법인세 부채(자산)	ifrs-full: ncreaseDecreaseThroughNetExchangeDifferencesDeferredTaxLiabilityAsset
FD3	법인세비용(수익)	ifrs-full: ncomeTaxExpenseContinuingOperations

XBRL 편집기를 통해 작성되어, 최종 공시된 XBRL 주석은 아래와 같다.

가. 당기 및 전기 중 법인세비용(이익)의 주요 구성내역은 다음과 같습니다.

(단위: 천원)

당기

	공시금액	장부금액 합계
당기법인세비용(수익)	52,266,103	52,266,103
당기법인세부담액	52,266,103	52,266,103
당기법인세비용(수익) 미환류세제 관련 당기법인세	0	0
과거기간의 당기법인세 조정	0	0
이연 법인세비용(수익)	(74,617,432)	(74,617,432)
일시적차이의 발생 및 소멸로 인한 금액	(77,907,080)	(77,907,080)
이연 법인세비용(수익) 자본에 반영된 법인세 효과	3,289,648	3,289,648
순외환차이에 의한 증가 (감소)	0	0
법인세비용(수익)	(22,351,329)	(22,351,329)

전기

(단위: 천원)

		공시금액	장부금액 합계
당기법인세비용(수익)		64,096,103	64,096,103
당기법인세비용(수익)	당기법인세부담액	63,882,975	63,882,975
	미환류세제 관련 당기법인세	0	0
	과거기간의 당기법인세 조정	213,128	213,128
이연법인세비용(수익)		(19,883,172)	(19,883,172)
	일시적차이의 발생 및 소멸로 인한 금액	(6,659,307)	(6,659,307)
이연법인세비용(수익)	자본에 반영된 법인세 효과	(13,223,865)	(13,223,865)
	순외환차이에 의한 증가 (감소)	0	0
법인세비용(수익)		44,212,931	44,212,931

회계이익에 적용세율을 곱하여 산출한 금액에 대한 조정 표는 아래와 같이 매핑이 되어 있다.

계층	한글명	ID명	설명
FD0	[D835115d] 주석 – 법인세 – 연결 ǀ Notes – Income taxes – Consolidated financial statements	[D835115d] 주석 – 법인세 – 연결 ǀ Notes – Income taxes – Consolidated financial statements	
FD1	회계이익에 적용세율을 곱하여 산출한 금액에 대한 조정 [개요]	ifrs-full: ReconciliationOfAccountingProfitMultipliedByApplicableTaxRatesAbstract	
FD2	회계이익에 적용세율을 곱하여 산출한 금액에 대한 조정 [표]	dart: ReconciliationOfAccountingProfitMultipliedByApplicableTaxRatesTable	
FD3	장부금액, 감가상각 누계액, 상각 누계액 및 손상차손 누계액 및 총장부금액 [축]	ifrs-full: CarryingAmountAccumulatedDepreciationAmortisationAndImpairmentAndGrossCarryingAmountAxis	
FD4	장부금액 [구성요소]	ifrs-full: CarryingAmountMember	
FD5	공시금액 [구성요소]	dart: ReportedAmountMember	
FD2	회계이익에 적용세율을 곱하여 산출한 금액에 대한 조정 [항목]	dart: ReconciliationOfAccountingProfitMultipliedByApplicableTaxRatesLineItems	
FD3	법인세비용 차감 전 순이익(손실)	ifrs-full: ProfitLossBeforeTax	
FD3	적용세율에 의한 법인세비용(수익)	ifrs-full: TaxExpenseIncomeAtApplicableTaxRate	
FD3	과세되지 않는 수익의 법인세효과	ifrs-full: TaxEffectOfRevenuesExemptFromTaxation2011	

FD3	과세소득(세무상결손금) 결정시 차감되지 않는 비용의 법인세효과	ifrs-full: TaxEffectOfExpenseNotDeductibleInDeterminingTaxableProfitTaxLoss	
FD3	세액공제 및 감면으로 인한 효과	entity00428251: AsdfgOfReconciliationOfAccountingProfitMultipliedByAppli cableTaxRatesLineItemsOfRecon	확장
FD3	과거기간의 당기법인세 조정	ifrs-full: AdjustmentsForCurrentTaxOfPriorPeriod	
FD3	미환류세제 관련 당기법인세	entity00428251: CurrentTaxOnNonRecirculatedCorporateIncomeOfReconcil iationOfAccountingProfitMultiplie	확장
FD3	세율 변경으로 인한 법인세효과	ifrs-full: TaxEffectFromChangeInTaxRate	
FD3	회계이익과 법인세비용(수익)간의 조정에 대한 기타법인세효과	ifrs-full: OtherTaxEffectsForReconciliationBetweenAccountingProfitAndTax ExpenseIncome	
FD3	법인세비용(수익)	ifrs-full: IncomeTaxExpenseContinuingOperations	

XBRL 편집기를 통해 작성되어, 최종 공시된 XBRL 주석은 아래와 같다.

나. 당기 및 전기의 회계이익(손실)과 법인세비용(이익)간의 관계는 다음과 같습니다.

(단위: 천원)

당기

	공시금액	장부금액 합계
법인세비용 차감 전 순이익(손실)	(72,906,025)	(72,906,025)
적용세율에 의한 법인세비용(수익)	(16,841,292)	(16,841,292)
비과세수익으로 인한 법인세효과	(1,594,035)	(1,594,035)
비공제비용으로 인한 법인세효과	903,931	903,931
세액공제 및 감면으로 인한 효과	(12,016)	(12,016)
과거기간의 당기법인세 조정	0	0
미환류세제 관련 당기법인세	0	0
세율 변경으로 인한 법인세효과	0	0
기타법인세효과	(4,807,917)	(4,807,917)
법인세비용(수익)	(22,351,329)	(22,351,329)

전기

(단위: 천원)

	공시금액	장부금액합계
법인세비용 차감 전 순이익(손실)	205,090,876	205,090,876
적용세율에 의한 법인세비용(수익)	49,631,992	49,631,992
비과세수익으로 인한 법인세효과	(1,028,599)	(1,028,599)
비공제비용으로 인한 법인세효과	840,443	840,443
세액공제 및 감면으로 인한 효과	(62,928)	(62,928)
과거기간의 당기법인세 조정	213,128	213,128
미환류세제 관련 당기법인세	0	0
세율 변경으로 인한 법인세효과	(5,532,806)	(5,532,806)
기타법인세효과	151,701	151,701
법인세비용(수익)	44,212,931	44,212,931

평균유효세율과 적용세율 간의 조정에 대한 표는 아래와 같이 매핑이 되어 있다.

계층	한글명	ID명	설명
FD0	[D835115e] 주석 – 법인세 – 연결 ǀ Notes – Income taxes – Consolidated financial statements	[D835115e] 주석 – 법인세 – 연결 ǀ Notes – Income taxes – Consolidated financial statements	
FD1	평균유효세율과 적용세율 간의 조정 [개요]	ifrs-full : ReconciliationOfAverageEffectiveTaxRateAndApplicableTaxRateAbstract	
FD2	평균유효세율과 적용세율간의 조정 [표]	dart: ReconciliationOfAverageEffectiveTaxRateAndApplicableTaxRateTable	
FD3	장부금액, 감가상각 누계액, 상각 누계액 및 손상차손 누계액 및 총장부금액 [축]	ifrs-full: CarryingAmountAccumulatedDepreciationAmortisationAndImpairmentAndGrossCarryingAmountAxis	
FD4	장부금액 [구성요소]	ifrs-full: CarryingAmountMember	
FD5	공시금액 [구성요소]	dart: ReportedAmountMember	
FD2	평균유효세율과 적용세율 간의 조정 [항목]	dart: ReconciliationOfAverageEffectiveTaxRateAndApplicableTaxRateLineItems	
FD3	적용세율	ifrs-full: ApplicableTaxRate	
FD3	평균유효세율	ifrs-full: AverageEffectiveTaxRate	

XBRL 편집기를 통해 작성되어, 최종 공시된 XBRL 주석은 아래와 같다.

평균유효세율과 적용세율 간의 조정

당기

	공시금액	장부금액 합계
적용세율	0.2310	0.2310
유효법인세율 (*)		

전기

	공시금액	장부금액 합계
적용세율	0.2420	0.2420
유효법인세율 (*)	0.2156	0.2156

기타 포괄손익의 각 구성요소와 관련된 법인세에 대한 표는 아래와 같이 매핑이 되어 있다.

계층	한글명	ID명	설명
FD0	[D835115f] 주석 - 법인세 - 연결	Notes - Income taxes - Consolidated financial statements	[D835115f] 주석 - 법인세 - 법인세 - 연결	Notes - Income taxes - Consolidated financial statements	
FD1	기타포괄손익의 각 구성요소와 관련된 법인세 [개요]	ifrs-full: IncomeTaxRelatingToComponentsOfOtherComprehensiveIncomeAbstract	
FD2	기타포괄손익의 각 구성요소와 관련된 법인세	dart:IncomeTaxRelatingToComponentsOfOtherComprehensiveIncomeTable	
FD3	장부금액, 감가상각누계액, 상각누계액 및 손상차손누계액 및 총장부금액 [축]	ifrs-full: CarryingAmountAccumulatedDepreciationAmortisationAndImpairmentAndGrossCarryingAmountAxis	
FD4	장부금액 [구성요소]	ifrs-full: CarryingAmountMember	
FD5	공시금액 [구성요소]	dart: ReportedAmountMember	
FD2	기타포괄손익의 각 구성요소와 관련된 법인세 [항목]	dart:IncomeTaxRelatingToComponentsOfOtherComprehensiveIncomeLineItems	
FD3	기타포괄손익에 포함되는, 기타포괄손익-공정가치 측정 금융자산에 관련되는 법인세	ifrs-full: IncomeTaxRelatingToFinancialAssetsMeasuredAtFairValueThroughOtherComprehensiveIncome	
FD3	기타포괄손익에 포함되는, 확정급여제도의 재측정에 관련되는 법인세	ifrs-full: IncomeTaxRelatingToRemeasurementsOfDefinedBenefitPlansOfOtherComprehensiveIncome	
FD3	기타포괄손익에 포함되는, 현금흐름위험회피에 관련되는 법인세	ifrs-full: IncomeTaxRelatingToCashFlowHedgesOfOtherComprehensiveIncome	
FD3	기타포괄손익의 각 구성요소와 관련된 법인세	ifrs-full: IncomeTaxRelatingToComponentsOfOtherComprehensiveIncome	

XBRL 편집기를 통해 작성되어, 최종 공시된 XBRL 주석은 아래 같다.

기타포괄손익의 각 구성요소와 관련된 법인세

다. 당기 및 전기 중 기타포괄손익으로 인식된 법인세의 내역은 다음과 같습니다.

당기

(단위: 천원)

	공시금액	장부금액 합계
기타포괄손익에 포함되는, 기타포괄손익-공정가치 측정 금융자산에 관련되는 법인세	(666,231)	(666,231)
기타포괄손익에 포함되는, 확정급여제도의 재측정에 관련되는 법인세	3,555,920	3,555,920
기타포괄손익에 포함되는, 현금흐름위험회피에 관련되는 법인세	399,959	399,959
기타포괄손익의 각 구성요소와 관련된 법인세 합계	3,289,648	3,289,648

전기

(단위: 천원)

	공시금액	장부금액 합계
기타포괄손익에 포함되는, 기타포괄손익-공정가치 측정 금융자산에 관련되는 법인세	(1,784,180)	(1,784,180)
기타포괄손익에 포함되는, 확정급여제도의 재측정에 관련되는 법인세	(11,070,145)	(11,070,145)
기타포괄손익에 포함되는, 현금흐름위험회피에 관련되는 법인세	(369,540)	(369,540)
기타포괄손익의 각 구성요소와 관련된 법인세 합계	(13,223,865)	(13,223,865)

일시적 차이, 미사용 세무상 결손금과 미사용 세액공제에 대한 표는 아래와 같이 매핑이 되어 있다.

계층	한글명	ID명	설명
FD0	[D835115g] 주석 – 법인세 – 연결 | Notes – Income taxes – Consolidated financial statements	[D835115g] 주석 – 법인세 – 연결 | Notes – Income taxes – Consolidated financial statements	
FD1	일시적차이, 미사용 세무상 결손금과 미사용 세액공제에 대한 공시 [개요]	ifrs-full: DisclosureOfTemporaryDifferenceUnusedTaxLossesAndUnusedTaxCreditsAbstract	
FD2	일시적차이, 미사용 세무상 결손금과 미사용 세액공제에 대한 공시	ifrs-full: DisclosureOfTemporaryDifferenceUnusedTaxLossesAndUnusedTaxCreditsTable	
FD3	일시적차이, 미사용 세무상 결손금과 미사용 세액공제 [축]	ifrs-full: TemporaryDifferenceUnusedTaxLossesAndUnusedTaxCreditsAxis	
FD4	일시적차이, 미사용 세무상 결손금과 미사용 세액공제 [구성요소]	ifrs-full :TemporaryDifferenceUnusedTaxLossesAndUnusedTaxCreditsMember	
FD5	일시적차이 [구성요소]	ifrs-full: TemporaryDifferenceMember	
FD6	퇴직급여부채, 순이연 법인세부채 [구성요소]	entity00428251: PostEmploymentBenefitObligationsNetDeferredTaxLiabilitiesMemberOfTemporaryDifferences	확장
FD6	사외적립자산 공정가치, 순이연 법인세부채 [구성요소]	entity00428251: FairValueOfPlanAssetsNetDeferredTaxLiabilitiesMemberOfTemporaryDifferencesMemberOfDis	확장
FD6	미지급비용, 순이연 법인세부채 [구성요소]	entity00428251: AccruedExpensesNetDeferredTaxLiabilitiesMemberOfTemporaryDifferencesMemberOfDisclosur	확장

구분	명칭	요소명	비고
FD6	기타 포괄 손익공정가치 금융자산 평가손익, 순이연 법인세부채 [구성요소]	entity00428251: GainLossFromFinancialInstrumentsAtFairValueThroughOtherComprehensiveIncomeNetDeferred	확장
FD6	무형자산 손상차손, 순이연 법인세부채 [구성요소]	entity00428251: IntangibleAssetImpairmentLossNetDeferredTaxLiabilityMemberOfTemporaryDifferencesMembe	확장
FD6	감가상각비, 순이연 법인세부채 [구성요소]	entity00428251: DepreciationNetDeferredTaxLiabilityMemberOfTemporaryDifferencesMemberOfDisclosureOfTe	확장
FD6	충당부채, 순이연 법인세부채 [구성요소]	entity00428251: ProvisionsNetDeferredTaxLiabilityMemberOfTemporaryDifferencesMemberOfDisclosureOfTemp	확장
FD6	건설자금이자, 순이연 법인세부채 [구성요소]	entity00428251: ConstructionFundInterestNetDeferredTaxLiabilityMemberOfDi	확장
FD6	종속기업 및 관계기업 투자주식, 순이연 법인세부채[구성요소]	entity00428251: InvestmentInSubsidiariesAndAssociatesNetDeferredTaxLiabilityOfTemporaryDifferencesMem	확장
FD6	압축기장충당금, 순이연 법인세부채 [구성요소]	entity00428251: AdvancedDepreciationProvisionNetDeferredTaxLiabilityMemberOfTemporaryDifferencesMembe	확장
FD6	기타 일시적차이 [구성요소]	ifrs-full: OtherTemporaryDifferencesMember	
FD2	일시적차이, 미사용 세무상 결손금과 미사용 세액공제에 대한 공시 [항목]	ifrs-full: DisclosureOfTemporaryDifferenceUnusedTaxLossesAndUnusedTaxCreditsLineItems	
FD3	순이연 법인세부채	ifrs-full: NetDeferredTaxLiabilities	기초, 기말
FD3	당기손익으로 인식한 이연 법인세비용(수익)	ifrs-full: DeferredTaxExpenseIncomeRecognisedInProfitOrLoss	
FD3	기타포괄손익의 각 구성요소와 관련된 법인세	ifrs-full: IncomeTaxRelatingToComponentsOfOtherComprehensiveIncome	

XBRL 편집기를 통해 작성(행렬 바꾸기 포함)되어, 최종 공시된 XBRL 주석은 아래와 같다.

일시적차이에 대해 인식한 순이연 법인세 자산과 부채 공시]

라. 당기 및 전기 중 이연 법인세의 변동내역은 다음과 같습니다.

당기

(단위: 천원)

		기초 순이연 법인세부채	당기손익에 반영된 법인세효과	자본에 반영된 법인세효과	기말 순이연 법인세부채
일시적차이에 대해 인식한 순이연 법인세 자산 및 부채	순이연 법인세자산 및 부채				
	퇴직급여부채	42,756,201	2,630,171	3,555,920	48,942,292
	사외적립자산 공정가치	(55,637,140)	161,360	0	(55,475,780)
	미지급비용	1,472,890	68,101	0	1,540,991
	기타 포괄 손익공정가치 금융자산 평가손익	(6,210,579)	0	(666,231)	(6,876,810)
	무형자산 손상차손	746,119	0	0	746,119
	감가상각비	486,724	(8,468)	0	478,256
	충당부채	30,350,588	(1,349,225)	0	29,001,363
	건설자금이자	(19,949,839)	344,705	0	(19,605,134)
	종속기업 및 관계기업 투자주식	(54,077,997)	77,672,800	0	23,594,803
	압축기장충당금	(39,601,452)	0	0	(39,601,452)
	기타	11,137,688	(4,902,012)	399,959	6,635,635
일시적차이에 대해 인식한 순이연 법인세자산 및 부채		(88,526,797)	74,617,432	3,289,648	(10,619,717)

전기

			기초 순이연 법인세부채	당기손익에 반영된 법인세 효과	자본에 반영된 법인세 효과	기말 순이연 법인세부채
일시적차이에 대해 인식한 순이연 법인세 자산 및 부채	순이연 법인세자산 및 부채	퇴직급여부채	53,409,027	417,319	(11,070,145)	42,756,201
		사외적립자산 공정가치	(54,281,277)	(1,355,863)	0	(55,637,140)
		미지급비용	1,370,854	102,036	0	1,472,890
		기타 포괄 손익공정가치 금융자산 평가손익	(3,632,088)	(794,311)	(1,784,180)	(6,210,579)
		무형자산 순상차손	792,165	(46,046)	0	746,119
		감가상각비	497,786	(11,062)	0	486,724
		충당부채	26,727,746	3,622,842	0	30,350,588
		건설자금이자	(21,655,641)	1,705,802	0	(19,949,839)
		종속기업 및 관계기업 투자주식	(57,415,332)	3,337,335	0	(54,077,997)
		압축기장충당금	(42,045,391)	2,443,939	0	(39,601,452)
		기타	1,046,047	10,461,181	(369,540)	11,137,688
일시적차이에 대해 인식한 순이연 법인세자산 및 부채			(95,186,104)	19,883,172	(13,223,865)	(88,526,797)

이연 법인세자산과 부채의 내역에 대한 표는 아래와 같이 매핑이 되어 있다.

계층	한글명	ID명	설명
FD0	[D835115h] 주석 – 법인세 – 연결 ǀ Notes – Income taxes – Consolidated financial statements	[D835115h] 주석 – 법인세 – 연결 ǀ Notes – Income taxes – Consolidated financial statements	
FD1	이연법인세자산과 부채의 내역 [개요]	entity00428251: Title20239221343 22648Abstract	확장
FD2	이연법인세자산과 부채의 내역	entity00428251: DetailsOfDeferredTaxAssetsAndLiabilitiesTable	확장
FD3	장부금액, 감가상각 누계액, 상각 누계액 및 손상차손 누계액 및 총장부금액 [축]	ifrs-full: CarryingAmountAccumulatedDepreciationAmortisationAndImpairm entAndGrossCarryingAmountAxis	
FD4	장부금액 [구성요소]	ifrs-full: CarryingAmountMember	
FD5	공시금액 [구성요소]	dart: ReportedAmountMember	
FD2	이연 법인세자산과 부채의 내역 [항목]	entity00428251: Title20239221343 22827LineItems	확장
FD3	이연 법인세자산	ifrs-full: DeferredTaxAssets	
FD3	이연 법인세부채	ifrs-full: DeferredTaxLiabilities	
FD3	순이연 법인세부채	ifrs-full: NetDeferredTaxLiabilities	

XBRL 편집기를 통해 작성되어, 최종 공시된 XBRL 주석은 아래와 같다.

이연 법인세자산과 부채의 내역

마. 보고기간종료일 현재 연결회사의 이연 법인세자산과 부채의 내역은 다음과 같습니다.

당기

(단위: 천원)

	공시금액	장부금액 합계
이연 법인세자산	0	0
이연 법인세부채	(10,619,717)	(10,619,717)
순이연 법인세부채	(10,619,717)	(10,619,717)

전기

(단위: 천원)

	공시금액	장부금액 합계
이연 법인세자산	0	0
이연 법인세부채	(88,526,797)	(88,526,797)
순이연 법인세부채	(88,526,797)	(88,526,797)

이연 법인세부채(자산)로 인식하지 않은 일시적 차이에 대한 표로 아래와 같이 매핑이 되어 있다.

계층	한글명	ID명	설명
FD0	[D835115i] 30. 이연 법인세 및 법인세비용 ｜ [D835115] Notes – Income taxes – Separated financial statements	[D835115i] 30. 이연 법인세 및 법인세비용 ｜ [D835115] Notes – Income taxes – Separated financial statements	
FD1	이연 법인세부채(자산)로 인식하지 않은 일시적 차이이[개요]	entity00428251: Title20243820485586Abstract	확장o
FD2	이연법인세부채(자산)로 인식하지 않은 일시적 차이이	entity00428251: TemporaryDifferencesForWhichNoDeferredTaxLiabilityAssetIsRecognisedTable	확장o
FD3	장부금액, 감가상각누계액, 상각누계액 및 손상차손누계액 및 총장부금액 [축]	ifrs-full: CarryingAmountAccumulatedDepreciationAmortisationAndImpairmentAndGrossCarryingAmountAxis	
FD4	장부금액 [구성요소]	ifrs-full: CarryingAmountMember	
FD5	공시금액 [구성요소]	dart: ReportedAmountMember	
FD2	제목 [항목]	entity00428251: Title20243820485802LineItems	확장o
FD3	이연 법인세로 인식되지 않은 영업권과 관련된 일시적 차이	entity00428251: TemporaryDifferencesAssociatedWithGoodwillForWhichDeferredTaxLiabilitiesHaveNotBeenRe	확장o
FD3	이연 법인세로 인식되지 않은 종속기업, 지점 및 관계기업에 대한 투자자산, 그리고 공동약정 투자지분과 관련된 일시적차이	ifrs-full: TemporaryDifferencesAssociatedWithInvestmentsInSubsidiariesBranchesAndAssociatesAndInteres	

단숨에 배우는 XBRL

XBRL 편집기를 통해 작성되어, 최종 공시된 XBRL 주석은 아래와 같다.

이연 법인세부채(자산)로 인식하지 않은 일시적차이

바. 당기 말 현재 이연 법인세부채(자산)로 인식하지 않은 가산할 일시적차이의 내역은 다음과 같습니다.

(단위: 천원)

	공시금액	장부금액 합계
영업권	14,772,405	14,772,405
종속기업투자주식	110,208,732	110,208,732

공시사례 14. 자본

사례14의 '23년 별도 감사보고서의 자본 주석은 아래와 같다.

19. 자본

- 자본금

당기 말과 전기 말 현재 자본금에 관련된 사항은 다음과 같습니다.

구분	당기 말	전기 말
발행할 주식의 총수	300,000,000주	300,000,000주
1주당 액면금액	100원	100원
발행한 주식의 수 : 보통주	48,362,743주	49,081,545주

- 자본금 및 자본잉여금의 변동내역

당기 및 전기 중 자본금 및 자본잉여금의 변동내역은 다음과 같습니다.

단숨에 배우는 XBRL

구분	자본금(*)	자본잉여금			합계
		주식발행초과금	기타자본잉여금	자기주식처분이익	
2022년 1월 1일	4,896,705	3,830,569,170	1,024,973,874	6,452,617	4,861,995,661
주식기준보상거래	11,450	2,338,585	569,291	-	2,907,876
주주증여	-	-	25,724,255	-	25,724,255
자본준비금의 이입	-	(2,409,617,572)	-	-	(2,409,617,572)
2022년 12월 31일	4,908,155	1,423,290,183	1,051,267,420	6,452,617	2,481,010,220
2023년 1월 1일	4,908,155	1,423,290,183	1,051,267,420	6,452,617	2,481,010,220
주식기준보상거래	15,574	18,807,732	517,287	3,210,797	22,535,816
사업양수도	-	-	(6,201,676)	-	(6,201,676)
2023년 12월 31일	4,923,729	1,442,097,915	1,045,583,031	9,663,414	2,497,344,360

(*) 발행주식 액면 총액은 4,836,274천원으로 이익소각으로 인하여 납입자본금과 상이합니다.

• 기타자본

당기 말 및 전기 말 현재 기타자본의 구성내역은 다음과 같습니다.

(단위: 천원)

구분	당기말	전기말
자기주식(*)	–	–
주식선택권(주석 20)	49,841,312	56,137,075
기타포괄손익-공정가치측정금융자산 평가손익(주석 11)	(6,013,340)	13,863,039
순확정급여부채의 재측정요소(주석 16)	(1,222,838)	(689,205)
해외사업환산손익	(68,649)	(67,625)
합 계	42,536,485	69,243,284

(*) 자기주식의 취득원가는 0원입니다.

• 이익잉여금 처분계산서

당기의 이익잉여금 처분계산서는 2024년 3월 26일의 정기주주총회에서 승인될 예정입니다(전기 처분 확정일: 2023년 3월 28일).

(단위: 원)

구분	당기		전기	
구분				

					2,487,142,607,927
I. 미처분 이익잉여금		3,047,231,712,239			
전기이월 미처분 이익잉여금	2,487,142,607,927		2,000,000,000,000		
자기주식의 소각	(167,988,076,970)		-		
당기순이익	728,077,181,282		487,142,607,927		
II. 이익잉여금 처분액		-			
III. 차기이월 미처분 이익잉여금		3,047,231,712,239			2,487,142,607,927

사례14의 '23년 사업보고서상의 자본 XBRL 주석은 문장영역과 각각의 표로 매핑 내역이 구분된다.

문장영역은 아래와 같이 매핑이 되어 있다.

계층	한글명	ID명	설명
FD0	[D861205] 19. 자본 I 19. Equity	[D861205] 19. 자본 I 19. Equity	주석 제목
FD1	자본금, 적립금, 기타자본 [문장영역]	ifrs-full: DisclosureOfShareCapitalReservesAndOtherEquityInterestExplanatory	자본금, 적립금, 기타자본 [문장영역]
FD2	주식의 분류에 대한 공시	ifrs-full: DisclosureOfClassesOfShareCapitalExplanatory	[D861205a] 문장영역
FD2	자본금 및 자본잉여금의 변동내역	entity00760971: DisclosureOfIssuedCapitalAndcapitalSurplusTextBlock	[D861205b] 문장영역
FD2	그 밖의 자본	entity00760971: MiscellaneousEquityTextBlock	[D861205c] 문장영역
FD2	이익잉여금의 처분내역	entity00760971: StatementOfAppropriationOfRetainedEarningsTextBlock	[D861205d] 문장영역

자본금에 대한 표는 아래와 같이 매핑이 되어 있다.

계층	한글명	ID명	설명
FD0	[D861205a] 주석 – 자본금, 적립금, 기타지분 – 연결 | Notes – Share capital, reserves and other equity interest – Consolidated financial statements		[D861205a] 주석 – 자본금, 적립금, 기타지분 – 연결 | Notes – Share capital, reserves and other equity interest – Consolidated financial statements
FD1	주식의 분류에 대한 공시 [개요]	ifrs-full: DisclosureOfClassesOfShareCapitalAbstract	
FD2	주식의 분류에 대한 공시 [표]	ifrs-full: DisclosureOfClassesOfShareCapitalTable	
FD3	주식의 종류 [축]	ifrs-full: ClassesOfShareCapitalAxis	
FD4	주식 [구성요소]	ifrs-full: ClassesOfShareCapitalMember	
FD5	보통주 [구성요소]	ifrs-full: OrdinarySharesMember	
FD2	주식의 분류에 대한 공시 [항목]	ifrs-full: DisclosureOfClassesOfShareCapitalLineItems	
FD3	수권주식 수	ifrs-full: NumberOfSharesAuthorised	
FD3	주당 액면가액	ifrs-full: ParValuePerShare	
FD3	발행주식 수	ifrs-full: NumberOfSharesIssued	

XBRL 편집기를 통해 작성되어, 최종 공시된 XBRL 주석은 아래와 같다.

- 자본금

당기 말과 전기 말 현재 자본금에 관련된 사항은 다음과 같습니다.

당기

(단위: 원)

	보통주
발행할 주식의 총수 (단위: 주)	300,000,000
1주당 액면금액	100
발행한 주식의 수: (단위: 주)	48,362,743

전기

(단위: 원)

	보통주
발행할 주식의 총수 (단위: 주)	300,000,000
1주당 액면금액	100
발행한 주식의 수: (단위: 주)	49,081,545

자본금과 자본잉여금의 변동내역에 대한 표로는 아래와 같이 매핑이 되어 있다.

계층	한글명	ID명	설명
FD0	[D861205b] 주석 - 자본금, 적립금, 기타자본 - 연결	Notes – Share capital, reserves and other equity interest – Consolidated financial statements	[D861205b] 주석 - 자본금, 적립금, 기타자본 - 연결	Notes – Share capital, reserves and other equity interest – Consolidated financial statements	
FD1	자본금과 자본잉여금의 변동내역[개요]	entity00760971:Title202312816212577Abstract	확장
FD2	자본금 및 자본잉여금의 변동내역	entity00760971: DisclosureOfIssuedCapitalAndcapitalSurplusTable	확장
FD3	자본의 구성요소 [축]	ifrs-full: ComponentsOfEquityAxis	
FD4	자본 [구성요소]	ifrs-full: EquityMember	
FD5	지배기업의 소유주에게 귀속되는 지분 [구성요소]	ifrs-full: EquityAttributableToOwnersOfParentMember	
FD6	자본금 [구성요소]	ifrs-full: IssuedCapitalMember	
FD6	자본잉여금 [구성요소]	dart: CapitalSurplusMember	
FD7	주식발행초과금 [구성요소]	ifrs-full: SharePremiumMember	
FD7	기타자본잉여금 [구성요소]	entity00760971: OtherCapitalSurplusOfCapitalSurplus	확장
FD7	자기주식 [구성요소]	ifrs-full: TreasurySharesMember	

FD2	자본금 및 자본잉여금의 변동내역 [항목]	entity00760971: Title20231281621253300LineItems	확장
FD3	기초자본	dart: EquityAtBeginningOfPeriod	기초자본으로 따로 매핑하였으나, 자본금(ifrs-full: IssuedCapital) 기초, 기말로 매핑할 수 있음
FD3	주식기준보상거래	entity0076097I: ShareBasedPaymentTransactionsOfDisclosureOfIssuedCapitalAndCapitalSurplusLineItemsOfD	확장
FD3	사업양수도, 자본	entity0076097I: MergerAndAcquisitionEquityOfDisclosureOfIssuedCapitalAndCapitalSurplusLineItemsOfDisc	확장
FD3	주주 증여	entity0076097I: ShareholderGiftOfTitleOfDisclosureOfIssuedCapitalAndcapitalSurplusTableOfItems	확장
FD3	자본준비금의 이입	entity0076097I: TransferToCapitalReserveOfTitleOfDisclosureOfIssuedCapitalAndcapitalSurplusTableOfIte	확장
FD3	자본	ifrs-full: Equity	기말 자본으로 따로 매핑하였으나, 자본금(ifrs-full: IssuedCapital) 기초, 기말로 매핑할 수 있음

XBRL 편집기를 통해 작성되어, 최종 공시된 XBRL 주석은 아래와 같다.

- 자본금 및 자본잉여금의 변동내역
  당기와 전기 중 자본금 및 자본잉여금의 변동내역은 다음과 같습니다.

당기

(단위: 천원)

		자본			
		지배기업의 소유주에게 귀속되는 자본			
				자본잉여금자본잉여금	
	자본금(주1)	주식발행초과금	기타자본잉여금	자기주식처분이익	
기초자본	4,908,155	1,423,290,183	1,051,267,420	6,452,617	
주식기준보상거래	15,574	18,807,732	517,287	3,210,797	
사업양수도, 자본	0	0	(6,201,676)	0	
주주 증여	0	0	0	0	
자본준비금의 이입	0	0	0	0	
기말 자본	4,923,729	1,442,097,915	1,045,583,031	9,663,414	

전기

(단위: 천원)

	자본금(주1)	자본			
		지배기업의 소유주에게 귀속되는 지분			
			자본잉여금자본잉여금		
		주식발행초과금	기타자본잉여금	자기주식처분이익
기초자본	4,896,705	3,830,569,170	1,024,973,874	6,452,617
주식기준보상거래	11,450	2,338,585	569,291	0
사업양수도, 자본	0	0	0	0
주주 증여	0	0	25,724,255	0
자본준비금의 이입	0	(2,409,617,572)	0	0
기말 자본	4,908,155	1,423,290,183	1,051,267,420	6,452,617

이익잉여금의 처분내역에 대한 표는 아래와 같이 매핑이 되어 있다.

계층	한글명	ID명	설명
FD0	[D861205d] 19. 자본 | 19. Equity	[D861205d] 19. 자본 | 19. Equity	
FD1	이익잉여금의 처분내역 [개요]	entity00760971: Title2023121212511879Abstract	확장
FD2	이익잉여금의 처분내역	entity00760971: StatementOfAppropriationOfRetainedEarningsTable	확장
FD3	장부금액, 감가상각 누계액, 상각 누계액 및 손상차손 누계액 및 총장부금액 [축]	ifrs-full: CarryingAmountAccumulatedDepreciationAmortisationAndImpairmentAndGrossCarryingAmountAxis	
FD4	장부금액 [구성요소]	ifrs-full: CarryingAmountMember	
FD5	공시금액 [구성요소]	dart: ReportedAmountMember	
FD2	이익잉여금 처분계산서 [항목]	entity00760971: Title2023121212512117LineItems	확장
FD3	미처분 이익잉여금	dart: UnappropriatedRetainedEarnings	
FD4	전기이월 이익잉여금	dart: UnappropriatedRetainedEarningsCarriedOverFromPriorYear	
FD4	자기주식의 소각, 미처분 이익잉여금	entity00760971: CancellationOfTreasurySharesUnappropriatedRetainedEarningsOfUnappropriatedRetainedEar	확장
FD4	당기순이익(순실)	ifrs-full: ProfitLoss	
FD3	이익잉여금 처분액	dart: AppropriationOfRetainedEarnings	
FD3	차기이월 미처분 이익잉여금	dart: UnappropriatedRetainedEarningsToBeCarriedForward	

XBRL 편집기를 통해 작성되어, 최종 공시된 XBRL 주석은 아래와 같다.

- 이익잉여금 처분계산서

당기의 이익잉여금 처분계산서는 2024년 3월 26일의 정기주주총회에서 승인될 예정입니다(전기 처분 확정일: 2023년 3월 28일).

당기

(단위: 원)

		공시금액
미처분 이익잉여금		3,047,231,712,239
	전기이월 이익잉여금	2,487,142,607,927
	자기주식의 소각, 미처분 이익잉여금	(167,988,076,970)
미처분 이익잉여금	당기순이익(손실)	728,077,181,282
이익잉여금 처분액		0
차기이월 미처분 이익잉여금		3,047,231,712,239

전기

(단위: 원)

		공시금액
미처분이익잉여금		2,487,142,607,927
	전기이월이익잉여금	2,000,000,000,000
미처분이익잉여금	자기주식의 소각, 미처분이익잉여금	0
	당기순이익(손실)	487,142,607,927
이익잉여금 처분액		0
차기이월 미처분이익잉여금		2,487,142,607,927

그 밖의 자본에 대한 표는 아래와 같이 매핑이 되어 있다.

계층	한글명	ID명	설명
FD0	[D861205c] 20. 자본 | 20. Equity	[D861205c] 20. 자본 | 20. Equity	
FD1	그 밖의 자본[개요]	entity00760971: Title20231281630040206Abstract	확장
FD2	그 밖의 자본	entity00760971: MiscellaneousEquityTable	확장
FD3	장부금액, 감가상각 누계액, 상각 누계액 및 손상차손 누계액 및 총장부금액 [축]	ifrs-full: CarryingAmountAccumulatedDepreciationAmortisationAndImpairmentAndGrossCarryingAmountAxis	
FD4	장부금액 [구성요소]	ifrs-full: CarryingAmountMember	
FD5	공시금액 [구성요소]	dart: ReportedAmountMember	
FD2	기타자본구성요소 [항목]	entity00760971: Title20231281630040432LineItems	확장
FD3	자기주식	ifrs-full: TreasuryShares	
FD3	주식선택권	dart: StockOptions	
FD3	지분상품에 대한 투자자산으로 인한 손익 적립금	ifrs-full: ReserveOfGainsAndLossesFromInvestmentsInEquityInstruments	
FD3	확정급여제도의 재측정 적립금	ifrs-full: ReserveOfRemeasurementsOfDefinedBenefitPlans	
FD3	환산 관련 외환차이 적립금	ifrs-full: ReserveOfExchangeDifferencesOnTranslation	
FD3	기타자본구성요소	dart: ElementsOfOtherStockholdersEquity	

XBRL 편집기를 통해 작성되어, 최종 공시된 XBRL 주석은 아래와 같다.

• 기타자본
당기 말과 전기 말 현재 기타자본의 구성내역은 다음과 같습니다.

당기 (단위: 천원)

	장부금액 합계
자기주식(주1)	0
주식선택권(주석20)	49,841,312
기타포괄손익-공정가치 측정금융자산 평가손익(주석11)	(6,013,340)
순확정급여부채의 재측정요소(주석16)	(1,222,838)
해외사업환산손익	(68,649)
기타자본구성요소	42,536,485

전기 (단위: 천원)

	장부금액 합계
자기주식(주1)	0
주식선택권(주석20)	56,137,075
기타포괄손익-공정가치 측정금융자산 평가손익(주석11)	13,863,039
순확정급여부채의 재측정요소(주석16)	(689,205)
해외사업환산손익	(67,625)
기타자본구성요소	69,243,284

공시사례 15. 기타수익과 기타비용

사례15의 '23년 별도 감사보고서의 기타수익과 기타비용 주석은 아래와 같다.

28. 기타수익 및 기타비용

당기와 전기 중 발생한 기타수익 및 기타비용의 내역은 다음과 같습니다.

(단위: 백만 원)

구분	제57(당)기	제56(전)기
기타수익:		
종속기업, 관계기업 및 공동기업투자주식 손상 처손 환입	68,253	15,219
종속기업, 관계기업 및 공동기업투자주식 처분이익	714	–
사용권자산처분이익	5	7
외환차익	4	393
대손충당금 환입	–	136

잡이익	118	796
투자부동산처분이익	38,986	90
매각예정자산 처분이익	–	4,214
합 계	108,080	20,855
기타비용:		
종속기업, 관계기업 및 공동기업투자주식 손상 차손	133,775	35,878
종속기업, 관계기업 및 공동기업투자주식 처분손실	52	5
사용권자산처분손실	7	29
매각예정자산부채 처분손실	4	–
외환 차손	13	–
기부금	1,726	4,081
잡손실	41	19
합 계	135,618	40,012

사례15의 '23년 사업보고서상의 기타수익과 기타비용 XBRL 주석은 문장영역과 문장영역과 각각의 표로 매핑 내역이 구분된다.

문장영역은 아래와 같이 매핑이 되어 있다.

계층	한글명	ID명	설명
FD0	[D834325] 29. 기타수익과 기타비용 – 별도 l Notes – Other income and expense – Separated financial statements	[D834325] 29. 기타수익과 기타비용 – 별도 l Notes – Other income and expense – Separated financial statements	주석 제목
FD1	기타수익 및 기타비용 [문장영역]	dart: OtherIncomeAndExpensesExplanatory	[D834325a] 문장영역
FD2	기타수익 및 기타비용 [금차상자1]	entity00120562: OtherIncomeAndExpensesTextbox1SeparateFinancialStatements	당기 및 전기 중 발생한 기타수익 및 기타비용의 내역은 다음과 같습니다.

기타수익과 기타비용에 대한 표는 아래와 같이 매핑이 되어 있다.

계층	한글명	ID명	설명
FD0	[D834325a] [D834325] 주석 - 기타수익과 기타비용 - 별도 - [D834325] Notes - Other income and expense - Separated financial statements	[D834325a] [D834325] 주석 - 기타수익과 기타비용 - 별도 - [D834325] Notes - Other income and expense - Separated financial statements	
FD1	중요한 수익과 비용 [개요]	ifrs-full: MaterialIncomeAndExpenseAbstract	
FD2	기타수익 및 기타비용 [표]	dart: OtherIncomeAndExpensesTable	
FD3	장부금액, 감가상각누계액, 상각누계액 및 손상차손누계액 및 총장부금액 [축]	ifrs-full: CarryingAmountAccumulatedDepreciationAmortisationAndImpairmentAndGrossCarryingAmountAxis	
FD4	장부금액 [구성요소]	ifrs-full: CarryingAmountMember	
FD5	공시금액 [구성요소]	dart: ReportedAmountMember	
FD2	기타수익 및 기타비용 [항목]	dart: OtherIncomeAndExpensesLineItems	
FD3	기타이익	dart: OtherGains	
FD4	종속기업/관계기업/공동기업투자손상차손 환입	dart: AdjustmentsForReversalsOfImpairmentLossesOnAssociates	
FD4	종속기업/관계기업/공동기업투자처분이익	dart: AdjustmentsForGainsOnDisposalsOfInvestmentsInAssociates	
FD4	사용권자산처분이익	entity00120562: ProfitsFromDisposalOfRightOfUseAssetsOfOtherGainsOfOtherIncomeAndExpensesTableOfItems	확장

FD4	순외환거래이익	ifrs-full: NetForeignExchangeGain	
FD4	대손충당금 환입액	dart: ReversalAllowanceAccountForCreditLosses	
FD4	잡이익	dart: MiscellaneousIncome	
FD4	투자부동산처분이익	ifrs-full: GainsOnDisposalsOfInvestmentProperties	
FD4	매각예정자산 부채처분이익	entity00120562: ProfitFromDisposalOfAssetsAndLiabilitiesHeldForSaleOfOtherGainsOfOtherIncomeAndExpens	확장
FD3	기타손실	dart: OtherLosses	
FD4	종속기업/관계기업/공동기업투자 순상각손	dart: AdjustmentsForImpairmentLossesOnInvestmentsInAssociates	
FD4	종속기업/관계기업/공동기업투자처분손실	dart: AdjustmentsForLossesOnDisposalsOfInvestmentsInAssociates	
FD4	사용권자산처분손실	entity00120562: LossesOnDisposalOfRightOfUseAssetsOfOtherLossesOfOtherIncomeAndExpensesTableOfItems	확장
FD4	매각예정자산 처분손실	dart: LossesOnDisposalOfNonCurrentAssetsOrDisposalGroupsClassifiedAsHeldForSale	
FD4	외환거래손실	ifrs-full: NetForeignExchangeLoss	
FD4	기부금	dart: Donations	
FD4	잡손실	dart: MiscellaneousLosses	

XBRL 편집기를 통해 작성되어, 최종 공시된 XBRL 주석은 아래와 같다.

29. 기타수익과 기타비용 – 별도

당기와 전기 중 발생한 기타수익 및 기타비용의 내역은 다음과 같습니다.

당기

	공시금액
기타이익	108,080
종속기업/관계기업/공동기업투자순상 차손 환입	68,253
종속기업/관계기업/공동기업투자처분이익	714
사용권자산처분이익	5
순외환거래이익	4
기타이익	
대손충당금 환입액	0
잡이익	118
투자부동산처분이익	38,986
매각예정자산 부채처분이익	0
기타손실	135,618
기타손실	133,775
종속기업/관계기업/공동기업투자 순상 차손	

기타손실	종속기업/관계기업/공동기업투자처분손실	52
	사용권자산처분손실	7
	매각예정자산 처분손실	4
	외환거래손실	13
	기부금	1,726
	잡손실	41

(단위 : 백만 원)

전기

		공시금액
기타이익	종속기업/관계기업/공동기업투자손상 차손 환입	20,855
	종속기업/관계기업/공동기업투자처분이익	15,219
	사용권자산처분이익	0
	순외환거래이익	7
기타이익	대손충당금 환입액	393
	잡이익	136
	투자부동산처분이익	796
	매각예정자산 부채처분이익	90
기타손실		4,214
		40,012

기타손실	종속기업/관계기업/공동기업투자 손상 차손	35,878
	종속기업/관계기업/공동기업투자처분손실	5
	사용권자산처분손실	29
	매각예정자산 처분손실	0
	외환거래손실	0
	기부금	4,081
	잡손실	19

공시사례 16. 비용의 성격별 분류

사례16의 '23년 별도 감사보고서상의 비용의 성격별 분류 주석은 아래와 같다.

27. 비용의 성격별 분류

당기 및 전기의 주요 비용의 성격별 분류 내역은 다음과 같습니다.

(단위: 천원)

구분	당기 말	전기 말
재고자산의 변동	(105,352,035)	(244,749,310)
원부재료 및 저장품 매입액	1,897,134,506	1,472,656,278
종업원급여 및 퇴직급여	549,347,139	499,933,530
감가상각비 및 무형자산 상각비	115,732,545	130,306,234
지급수수료	158,466,085	110,603,585
기술개발비	316,959,647	189,002,058

	269,025,735	228,070,310
외주가공비	108,256,681	92,155,920
복리후생비	19,532,474	15,197,245
여비교통비	215,673,219	130,376,589
기타비용		
매출원가 및 판매비와 관리비의 합계	3,544,775,996	2,623,552,439

사례16의 '23년 사업보고서상의 비용의 성격별 분류 XBRL 주석은 문장영역과 각각의 표로 매핑 내역이 구분된다. 문장영역은 아래와 같이 매핑이 되어 있다.

계층	한글명	ID명	설명
FD0	[D834305] 27. 비용의 성격별 분류 | 27. Expenses by Nature	[D834305] 27. 비용의 성격별 분류 | 27. Expenses by Nature	주석 제목
		ifrs-full: DisclosureOfExpensesByNatureExpla natory	
FD1	성격별 비용에 대한 공시 [문장영역]	[문장영역]	[D834325a] 문장영역

비용의 성격별 분류에 대한 표는 아래와 같이 매핑이 되어 있다.

계층	한글명	ID명	설명
FD0	[D834305a] [D834305] 주석 - 비용의 성격별 분류 - 연결 | Notes - Expenses by nature - Consolidated financial statements	[D834305a] [D834305] 주석 - 비용의 성격별 분류 - 연결 | Notes - Expenses by nature - Consolidated financial statements	
FD1	성격별 비용 [개요]	ifrs-full: ExpenseByNatureAbstract	
FD2	비용의 성격별 분류 공시 [표]	dart: ExpenseByNatureTable	
FD3	장부금액, 감가상각 누계액, 상각 누계액 및 손상차손 누계액 및 총장부금액 [축]	ifrs-full: CarryingAmountAccumulatedDepreciationAmortisationAndImpairmentAndGrossCarryingAmountAxis	
FD4	장부금액 [구성요소]	ifrs-full: CarryingAmountMember	
FD5	공시금액 [구성요소]	dart: ReportedAmountMember	
FD2	비용의 성격별 분류 [항목]	dart: ExpenseByNatureLineItems	
FD3	제품과 재공품의 감소(증가)	ifrs-full: ChangesInInventoriesOfFinishedGoodsAndWorkInProgress	
FD3	원부재료비 및 저장품 매입액	entity00309503: PurchaseOfRawAndOtherMaterialsOfExpenseByNatureLineItemsOfExpenseByNatureTableOfItems	확장
FD3	종업원급여 및 퇴직급여	entity00309503: WagesAndSalariesOfExpenseByNatureLineItemsOfExpenseByNatureTableOfItems	확장
FD3	당기손익으로 인식된 감가상각비, 무형자산상각비, 손상차손(손상차손 환입)	ifrs-full: DepreciationAmortisationAndImpairmentLossReversalOfImpairmentLossRecognisedInProfitOrLoss	

FD3	지급수수료	dart: Commissions	
FD3	기술개발비	entity00309503: RoyaltyAndDevelopmentExpenseOfExpenseByNatureLineItemsOfExpenseByNatureTableOfItems	확장
FD3	외주가공비	entity00309503: OutsideProcessingExpensesOfExpensesOfExpenseByNatureLineItemsOfExpenseByNatureTableOfItems	확장
FD3	복리후생비	dart: EmployeeBenefits	
FD3	여비교통비	dart: TravelExpenses	
FD3	성격별 기타비용	ifrs-full: OtherExpenseByNature	
FD3	성격별 비용	ifrs-full: ExpenseByNature	

XBRL 편집기를 통해 작성되어, 최종 공시된 XBRL 주석은 아래와 같다.

27. 비용의 성격별 분류

당기 (단위: 천원)

	공시금액
재고자산의 변동	(105,352,035)
원부재료 및 저장품 매입액	1,897,134,506
종업원급여 및 퇴직급여	549,347,139
감가상각비 및 무형자산 상각비	115,732,545
지급수수료	158,466,085
기술개발비	316,959,647
외주가공비	269,025,735
복리후생비	108,256,681
여비교통비	19,532,474
기타비용	215,673,219
매출원가 및 판매비와 관리비의 합계	3,544,775,996

전기 (단위: 천원)

	공시금액
재고자산의 변동	(244,749,310)
원부재료 및 저장품 매입액	1,472,656,278
종업원급여 및 퇴직급여	499,933,530
감가상각비 및 무형자산 상각비	130,306,234
지급수수료	110,603,585
기술개발비	189,002,058
외주가공비	228,070,310
복리후생비	92,155,920
여비교통비	15,197,245
기타비용	130,376,589
매출원가 및 판매비와 관리비의 합계	2,623,552,439

공시사례 17. 현금 및 현금성 자산

사례17의 '23년 별도 감사보고서의 현금 및 현금성 자산 주석은 아래와 같다.

3. 현금과 현금성자산

- 현금흐름표상 현금과 현금성자산은 현금, 은행 예치금을 포함하고 있습니다. 당기 말과 전기 말 현제 현금 흐름표상의 현금과 현금성자산은 다음과 같습니다.

(단위: 천원)

구분	당기 말	전기 말
보유현금	41,990,871	38,836,715
기타 요구불예금	26,425,210	26,790,873
현금성자산으로 분류된 단기예금	96,475,749	34,059,061
합 계	164,891,830	99,686,649

- 당기 말과 전기 말 현제 사용제한 예금은 존재하지 않습니다.

사례17의 '23년 사업보고서상의 현금과 현금성자산의 XBRL 주석은 문장영역과 현금성자산 각각의 표로 매핑 내역이 구분된다. 문장영역은 아래와 같이 매핑이 되어 있다.

계층	한글명	ID명	설명
FD0	[D822415] 3. 현금과 현금성자산 I Notes – Cash and cash equivalents – Separated financial statements	[D822415] 3. 현금과 현금성자산 I Notes – Cash and cash equivalents – Separated financial statements	주석 제목
FD1	현금과 현금성자산에 대한 공시 [문장영역]	ifrs-full: DisclosureOfCashAndCashEquivalentsExplanatory	[D822415a] 문장영역
FD2	현금과 현금성자산	entity00255619: Title3	(1) 현금흐름표상 현금과 현금성자산은 현금, 은행 예치금을 포함하고 있습니다. 당기 말과 전기 말 현재 현금흐름표상의 현금과 현금성 자산은 다음과 같습니다.
FD2	사용제한 예금 [문장영역]	entity00255619: RestrictedCashAndCashEquivalents1TextBlock	(2) 당기 말과 전기 말 현재 사용제한 예금은 존재하지 않습니다.
FD3	사용제한 예금 [개요]	entity00255619: Title2023918174217689Abstract	사용제한 예금 [개요]로만 기재됨

현금 및 현금성자산에 대한 표는 아래와 같이 매핑이 되어 있다.

계층	한글명	ID명	설명
FD0	[D822415a] [D822415] 3. 현금과 현금성자산 | Notes – Cash and cash equivalents – Consolidated financial statements	[D822415a] [D822415] 3. 현금과 현금성자산 | Notes – Cash and cash equivalents – Consolidated financial statements	
FD1	현금및현금성자산 공시 [개요]	dart: DetailsOfCashAndCashEquivalentsAbstract	
FD2	현금및현금성자산 공시 [표]	dart: (자료누락)	
FD3	장부금액, 감가상각누계액, 상각누계액 및 손상차손누계액 및 총장부금액 [축]	ifrs-full: CarryingAmountAccumulatedDepreciationAmortisationAndImpairmentAndGrossCarryingAmountAxis	
FD4	장부금액 [구성요소]	ifrs-full: CarryingAmountMember	
FD5	공시금액 [구성요소]	dart: ReportedAmountMember	
FD2	현금과 현금성자산 공시 [항목]	dart: DetailsOfCashAndCashEquivalentsLineItems	
FD3	현금과 현금성자산 [개요]	ifrs-full: CashAndCashEquivalentsAbstract	
FD4	현금	ifrs-full: Cash	
FD4	현금성자산	ifrs-full: CashEquivalents	
FD4	현금성자산으로 분류된 단기예금	ifrs-full: ShorttermDepositsClassifiedAsCashEquivalents	
FD4	현금과 현금성자산	ifrs-full: CashAndCashEquivalents	

XBRL 편집기를 통해 작성되어, 최종 공시된 XBRL 주석은 아래와 같다.

3. 현금과 현금성자산

- 현금흐름표상 현금과 현금성자산은 현금, 은행 예치금을 포함하고 있습니다. 당기 말과 전기 말 현재 현금흐름표상의 현금과 현금성자산은 다음과 같습니다.

(단위: 천원)

당기

현금과 현금성자산	공시금액
보유현금	41,990,871
기타 요구불예금	26,425,210
현금성자산으로 분류된 단기예금	96,475,749
현금과 현금성자산 합계	164,891,830

전기

(단위: 천원)

	공시금액
현금과 현금성자산	
보유현금	38,836,715
기타 요구불예금	26,790,873
현금성자산으로 분류된 단기예금	34,059,061
현금과 현금성자산 합계	99,686,649

• 당기 말과 전기 말 현재 사용제한 예금은 존재하지 않습니다.

공시사례 18. 차입금과 사채

사례18의 '23년 별도 감사보고서의 차입금과 사채 주석은 아래와 같다.

17. 차입금과 사채

- 당기 말과 전기 말 현재 단기차입금의 내역은 다음과 같습니다.

(단위: 백만원)

구분	차입처	제37(당)기	제36(전)기
한도대출	농협은행	–	19
수요자금융(*)	농협은행	–	75
	하나카드	–	19
	소 계	–	94
합 계		–	113

(*) 당사는 소매점의 매출채권과 관련하여 수요자금융 약정에 따라 금융기관에 지급보증을 제공하고 금융기

관으로부터 관련 채권을 매입 받는 경우 단기차입금으로 인식하고 있으며, 관련 이자비용은 발생하지 않습니다.

· 당기 말과 전기 말 현재 사채의 내역은 다음과 같습니다.

(단위 : 백만원)

구 분	발행일	만기일	연이자율(%)	제37(당)기	제36(전)기
무보증공모사채 제2-1회	2023-09-13	2025-09-12	4.180	100,000	–
무보증공모사채 제2-2회	2023-09-13	2026-09-11	4.322	200,000	–
소 계				300,000	–
사채할인 발행 차금				(835)	–
합 계				299,165	–
유동성				–	–
비유동성				299,165	–
합 계				299,165	–

사례18의 '23년 사업보고서상의 차입금과 사채 XBRL 주석은 문장영역과 각각의 표로 매핑 내역이 구분된다. 문장영역은 아래와 같이 매핑이 되어 있다.

계층	한글명	ID명	설명
FD0	[D822405] 17. 차입금 및 사채 (별도) I 17. Notes – Borrowings – Separated financial statements	[D822405] 17. 차입금 및 사채 (별도) I 17. Notes – Borrowings – Separated financial statements	주석 제목
FD1	차입금에 대한 세부 정보 공시 [문장영역]	ifrs-full: DisclosureOfDetailedInformationAboutBorrowingsExplanatory	[D822405a] 문장영역
FD2	사채에 대한 세부 정보 공시, 별도 [문장영역]	entity00244455: DisclosureOfDetailedInformationAboutBondsSeparateTextBlock	[D822405b] 문장영역

차입금에 대한 세부 정보 표는 아래와 같이 매핑이 되어 있다.

계층	한글명	ID명	설명
FD0	[D822405a] 주석 – 차입금 – 별도	Notes – Borrowings – Separate financial statements	[D822405a] 주석 – 차입금 – 별도	Notes – Borrowings – Separate financial statements	
FD1	차입금에 대한 세부 정보 공시 [개요]	ifrs-full: DisclosureOfDetailedInformationAboutBorrowingsAbstract	
FD2	차입금에 대한 세부 정보 [표]	dart: DetailedInformationAboutBorrowingsTable	
FD3	차입금명칭 [축]	ifrs-full: BorrowingsByNameAxis	
FD4	차입금명칭 [구성요소]	ifrs-full: BorrowingsByNameMember	
FD5	단기차입금 [구성요소]	entity00244455: ShortTermBorrowingsMemberOfBorrowingsByNameMemberOfDetailedInformationAboutBorrowingsTableOfMember	확장0
FD6	한도대출 [구성요소]	entity00244455: LimitLoanMemberOfShortTermBorrowingsMemberOfDetailedInformationAboutBorrowingsTableOf	확장0
FD7	농협은행1 [구성요소]	entity00244455: NonghyupBank1MemberOfLimitLoanMembe	확장0
FD6	수요자금용 [구성요소]	entity00244455: udf_NOTE_2024313232453823Member	확장0
FD7	농협은행2 [구성요소]	entity00244455: udf_NOTE_2024313232616429Member	확장0
FD7	하나카드 [구성요소]	entity00244455: udf_NOTE_2024313232628557Member	확장0
FD7	수요자금용 소계 [구성요소]	entity00244455: udf_NOTE_2024313232639281Member	확장0
FD2	차입금에 대한 세부 정보 공시 [항목]	ifrs-full: DisclosureOfDetailedInformationAboutBorrowingsLineItems	
FD3	유동 차입금	ifrs-full: ShorttermBorrowings	

XBRL 편집기를 통해 작성(행렬 바꾸기 포함)되어, 최종 공시된 XBRL 주석은 아래와 같다.

17. 차입금과 사채 (별도)

- 당기 말과 전기 말 현재 단기차입금의 내역은 다음과 같습니다.

당기

(단위: 백만원)

			단기차입금
차입금명칭	단기차입금	한도대출	농협은행1	0
			농협은행2	0
		수요자금용	하나카드	0
			수요자금용 소계	0
차입금명칭				0

전기

(단위: 백만원)

			단기차입금
차입금명칭	단기차입금	한도대출	농협은행1	19
			농협은행2	75
		수요자금용	하나카드	19
			수요자금용 소계	97
차입금명칭				113

사채에 대한 세부 정보 표는 아래와 같이 매핑이 되어 있다.

계층	한글명	ID명	설명
FD0	[D822405b] [D822405] 17. 차입금과 사채 (별도)	17. Notes – Borrowings – Separated financial statements	[D822405b] [D822405] 17. 차입금과 사채 (별도)	17. Notes – Borrowings – Separated financial statements	
FD1	사채에 대한 세부 정보 공시, 별도 [개요]	entity00244455: Title2024311145731692Abstract	확장
FD2	사채에 대한 세부 정보 공시, 별도	entity00244455: DisclosureOfDetailedInformationAboutBondsSeparateTable	확장
FD3	차입금명칭 [축]	ifrs-full: BorrowingsByNameAxis	
FD4	차입금명칭 [구성요소]	ifrs-full: BorrowingsByNameMember	
FD5	무보증공모사채제2-1회 [구성요소]	entity00244455: UnguaranteedPrivatePlacementBondNo21MemberOfBorrowingsByNameMemberOfDisclosureOfDetailedInformationAboutBondsSeparateTableOfMember	확장
FD5	무보증공모사채제2-2회 [구성요소]	entity00244455: UnguaranteedPrivatePlacementBondNo22MemberOfBorrowingsByNameMemberOfDisclosureOfDetailedInformationAboutBondsSeparateTableOfMember	확장
FD2	사채에 대한 세부 정보 공시, 별도 [항목]	entity00244455: Title2024311145731892LineItems	확장
FD3	차입금, 발행일	entity00244455: BorrowingsIssueDateOfDisclosureOfDetailedInformationAboutBondsSeparateLineItemsOfDisc	확장
FD3	차입금, 만기	ifrs-full: BorrowingsMaturity	

FD3	차입금, 이자율	ifrs-full: BorrowingsInterestRate
FD3	사채, 명목금액	dart: BondsIssuedNominalValue
FD3	사채할인 발행 차금	dart: DiscountOnBondsIssued
FD3	사채	ifrs-full: BondsIssued
FD3	유동 사채 및 비유동 사채의 유동성 대체 부분	ifrs-full: CurrentBondsIssuedAndCurrentPortionOfNoncurrentBondsIssued
FD3	비유동 사채의 비유동성 부분	ifrs-full: NoncurrentPortionOfNoncurrentBondsIssued

XBRL 편집기를 통해 작성(행렬 바꾸기 포함)되어, 최종 공시된 XBRL 주석은 아래와 같다.

- 당기 말과 전기 말 현재 사채의 내역은 다음과 같습니다.

(단위: 백만원)

		발행일	만기	이자율	사채, 명목금액	사채할인 발행차금	사채	유동사채	비유동사채
차입금명칭	무보증공모사채 제2-1회	2023-09-13	2025-09-12	0.04180	100,000				
	무보증공모사채 제2-2회	2023-09-13	2026-09-11	0.04322	200,000				
차입금명칭					300,000	(835)	299,165	0	299,165

공시사례 19. 주당이익

사례19의 '23년 별도 감사보고서의 주당이익(손실) 주석은 아래와 같다.

26. 주당이익(손실)

- 당기와 전기 기본주당이익(손실) 계산내역은 다음과 같습니다.

(단위: 천원, 주)

구 분	당기	전기
당기순이익(손실)	233,384,216	(533,768,304)
가중평균 유통 보통주식 수	81,934,571	81,934,571
기본주당이익(손실) (원)	2,848	(6,515)

기본주당이익(손실)을 계산하기 위한 가중평균 보통주식 수는 다음과 같습니다.

(단위 : 주)

구분	당기	전기
기초 발행 보통주식 수	85,953,502	85,953,502
자기주식효과	(4,018,931)	(4,018,931)
가중평균 유통 보통주식 수	81,934,571	81,934,571

• 당기와 전기 희석주당이익(순실) 계산내역은 다음과 같습니다.

(단위 : 천원, 주)

구분	당기	전기
희석 당기순이익(순실)	233,384,216	(533,768,304)
가중평균 유통 보통주식 수(희석)	81,934,571	81,934,571
희석주당이익(순실) (원)	2,848	(6,515)

희석주당이익(순실)을 계산하기 위한 희석 당기 순순이익은 다음과 같습니다.

(단위: 주)

구 분		당기	전기
당기순이익(순실)		233,384,216	(533,768,304)
희석 당기순이익(순실)		233,384,216	(533,768,304)

희석주당이익(순실)을 계산하기 위한 가중평균 보통주식 수는 다음과 같습니다.

(단위: 주)

구 분		당기	전기
가중평균 유통 보통주식 수		81,934,571	81,934,571
가중평균 유통 보통주식 수(희석)		81,934,571	81,934,571

사례[19]의 '23년 사업보고서'상의 주당이익(손실) XBRL 주석은 문장영역과 각각의 표로 매핑 내역이 구분된다.

문장영역은 아래와 같이 매핑이 되어 있다.

계층	한글명	ID명	설명
FD0	[D838005] 26. 주당이익(손실) | 26. Earnings per share	[D838005] 26. 주당이익(손실) | 26. Earnings per share	주석 제목
FD1	주당이익에 대한 공시 [문장영역]	ifrs-full :DisclosureOfEarningsPerShareExplanatory	주당이익에 대한 공시 [문장영역]
FD2	주당이익 [문장영역]	ifrs-full: EarningsPerShareExplanatory	[D838005a] 문장영역

현금과 현금성자산에 대한 표는 아래와 같이 매핑이 되어 있다.

계층	한글명	ID명	설명
FD0	[D838005a] 주석 – 주당이익 – 연결	Notes – Earnings per share – Consolidated financial statements	[D838005a] 주석 – 주당이익 – 연결	Notes – Earnings per share – Consolidated financial statements	
FD1	주당이익 [개요]	ifrs-full: EarningsPerShareAbstract	
FD2	주당이익 [표]	ifrs-full: EarningsPerShareTable	
FD3	보통주의 분류 [축]	ifrs-full: ClassesOfOrdinarySharesAxis	
FD4	보통주 [구성요소]	ifrs-full: OrdinarySharesMember	
FD5	공시금해 [구성요소]	dart: ReportedAmountMember	
FD2	주당이익 [항목]	ifrs-full: EarningsPerShareLineItems	
FD3	납입완료 발행주식 수	ifrs-full: NumberOfSharesIssuedAndFullyPaid	
FD3	자기주식	ifrs-full: TreasuryShares	
FD3	가중평균 유통 보통주식 수	ifrs-full :WeightedAverageShares	
FD3	당기순이익(손실)	ifrs-full: ProfitLoss	
FD3	기본주당이익(손실)	ifrs-full :BasicEarningsLossPerShare	
FD3	희석 당기순이익(손실)	entity00904672 :DilutedProfitLossOfEarningsPerShareLineItemsOfEarningsPerShareTableOfItems	확장
FD3	희석주당이익(손실)	ifrs-full :DilutedEarningsLossPerShare	

XBRL 편집기를 통해 작성되어, 최종 공시된 XBRL 주석은 아래와 같다.

26. 주당이익(순실)

주당이익

당기

	공시금액
발행주식 수	85,953,502
자기주식	(4,018,931)
가중평균 유통 보통주식 수	81,934,571
당기순이익(순실)	233,384,216
기본주당이익(순실)	2,848
희석 당기순이익(순실)	233,384,216
희석 주당이익(순실)	2,848

전기

	공시금액
발행주식 수	85,953,502
자기주식	(4,018,931)
가중평균 유통 보통주식 수	81,934,571
당기순이익(순실)	(533,768,304)
기본주당이익(순실)	(6,515)
희석 당기순이익(순실)	(533,768,304)
희석 주당이익(순실)	(6,515)